四特 教育系列丛书 SITEJIAOYUXILIECONGSHU

完美的班规

《"四特"教育系列丛书》编委会 编著

吉林出版集团股份有限公司
全国百佳图书出版单位

图书在版编目 (CIP) 数据

完美的班规 / 《"四特"教育系列丛书》编委会编著.
—长春：吉林出版集团股份有限公司，2012.4
（"四特"教育系列丛书 / 庄文中等主编.课堂教学与
管理艺术）
ISBN 978-7-5463-8721-5

I.①完… Ⅱ.①四… Ⅲ.①中小学－班级－学校管理
Ⅳ.① G632.421

中国版本图书馆 CIP 数据核字（2012）第 043987 号

完美的班规

WANMEI DE BANGUI

出 版 人	吴 强
责任编辑	朱子玉　杨 帆
开　　本	690mm×960mm 1/16
字　　数	250 千字
印　　张	13
版　　次	2012 年 4 月第 1 版
印　　次	2023 年 2 月第 3 次印刷

出　　版	吉林出版集团股份有限公司
发　　行	吉林音像出版社有限责任公司
地　　址	长春市南关区福祉大路 5788 号
电　　话	0431-81629667
印　　刷	三河市燕春印务有限公司

ISBN 978-7-5463-8721-5　　　　定价：39.80 元

前　言

　　学校教育是个人一生中所受教育最重要的组成部分，个人在学校里接受计划性的指导，系统地学习文化知识、社会规范、道德准则和价值观念。学校教育从某种意义上讲，决定着个人社会化的水平和性质，是个体社会化的重要基地。知识经济时代要求社会尊师重教，学校教育越来越受重视，在社会中起到举足轻重的作用。

　　"四特教育系列丛书"以"特定对象、特别对待、特殊方法、特例分析"为宗旨，立足学校教育与管理，理论结合实践，集多位教育界专家、学者，以及一线校长、教师的教育成果与经验于一体，围绕困扰学校、领导、教师、学生的教育难题，集思广益，多方借鉴，力求全面彻底解决。

　　本辑为"四特教育系列丛书"之《课堂教学与管理艺术》。

　　目前，在我国的学校教育中，课堂教学仍然是一种主要的教育教学活动，要想有效地提高课堂教学质量与效果、效率，就必须充分尊重和应用教育科学理论，系统学习、研究、提高课堂教学艺术水平，这不仅是对课堂教学的客观要求，而且是教育教学研究的发展趋势之一。因此，有志于从事教育事业去当一名教师的教育专业学生，都有必要去学习、研究课堂教学艺术，为今后做一名合格的教师进行充分的准备。本书把教育教学理论和教育教学实践有机地结合起来，系统地研究课堂教学的规律和实践，研究教学过程中的各种实际问题。

　　本书还有另一个很明确的目的，那就是：确立班级管理的专业地位，提升师生教学质量。我们分别从学生、教师（班主任）的角度进行说明。班级管理是门艺术，大凡艺术殿堂的攀登，都需要自觉的奉献；班级管理又是门科学，涉及科学领域的探索，必依赖智慧的涌动。希望本书的出版，能为工作在第一线的广大中小学班主任提供一个支点，同时，能唤起一部分对班主任工作感兴趣的专家学者的热情，共同来研究这个新课题，让班主任班组管理这项至关重要的工作，更具科学性和艺术性。这也是本书编写的意义所在。

　　本辑共20分册，具体内容如下。

　　1.《怎样把课说好》

　　"说课"是深化教育改革，探讨教学方法，实践教学手段，提高教育教学业务水平的一种好方法，也是教师进一步学习教育理论，用科学的手段指导教学实践，提高教学科研水平，增强教学基本功的一项重要方法。本书主要从说课准备、精心设计与组织说课材料、幽默为教法服务、情感学法说课、辅助教学程序、互动教学目标、应对说课失误和总结说课经验等方面来进行铺垫和阐述。站在说课者的角度，多层次地模拟了说课中遇到的各种问题，并提出了相应的改进措施，希望教师在说课中少走弯路，对于日后的说课教学能起到更大的帮助。

　　2.《怎样设计教学情境》

　　本书着重探讨了如何使新课程提倡的自主学习、探究学习、合作学习真正进入到课堂之中。通过介绍西方课堂设计的理论和教学策略，总结国内课堂教学改革的成功经验，为教师进行有效的课堂设计提供切实的指导和帮助。

3.《怎样把课备好》

备课能力是一个教师最基本的业务能力。备课是教师教学活动的一个重要组成部分，也是上好一堂课的前提和重要保证。教师要上好课，首先必须备好课，备课是一项深入细致的工作，是教师达成良好教学效果的关键。教师备课最需要用"心"、用"情"、用"力"和重"思"。

4.《怎样把课上好》 课堂动了，学生活了，互动、对话成为课堂教学的常态了，课堂上出现一系列变动不居的场景也就在情理之中了。教师根据课堂教学中生成的各种资源，形成后续的、新的教学行为。动态成为常态，生成成为过程，这些教学的新要求，是上课时教师需要加以灵活掌握的，也是本书所要介绍的。希望通过本书，教师不仅能获得教学的新理念，同时能获得基本的教学策略。

5.《走出教学雷区》

由于学识、经验、能力、性格、思维等诸方面的限制，教师由于认识和行动上产生了偏差，在教学过程中走入误区在所难免。本书列举了日常教学工作中教师常出现的一些问题甚至错误，分析这些问题产生的根源及这些问题在教学中的呈现形式，提出解决的方案，引导教师避免或者走出误区，通过"行动—反思—再行动—再反思"，引导教师做一个反思型教师，促进教师在专业化的道路上更快成长和进步。

6.《让学生出类拔萃》

在学校里，尖子生往往是重点培养对象，集"万千宠爱于一身"。但是作为教师，不能被尖子生"一俊遮百丑"而忽视对他们的培训和教育。教师应该正确认识和了解尖子生，做好培优工作，积极引导，严格要求，满足他们强烈的求知欲，充分施展其才能并通过尖子生积极进取的态度、较好的学习方法影响和帮助其他同学共同发展，使全体学生成绩不断推进。

对尖子生的培养是一项艰巨而漫长但又极具乐趣的工程，希望通过本书的学习，我们的教师都能发现千里马，精心、尽力培养，让他们跑得更快、更远！

7.《一对一教学》

在中国，"一刀切"式的教学方法普遍存在于课堂中，然而，每个学生特点各异，只有建立在了解学生基础上的个性化教学才能使学生受益无穷。

不是崭新的课本、新潮的教学技巧，也不是最新的教学设备，优秀的教师是学生成功的关键。坚信我们有责任坚持不懈地寻找和发现优秀的孩子，我们也要认识到每一个孩子都与众不同。本书致力于了解我们的学生并找到适合各个学生的教学方法,因材施教。

8.《让课堂动起来》

教师如何形成新的课堂教学艺术技巧、如何让课堂变得更加生动有趣，这正是本书论述的要旨所在。

教师要上好一堂课，除了要有热情与高度的责任感，还要有渊博的知识和一定的讲课技巧，教师必须认真备课、多动脑、多想办法，有了一定的授课技巧，课堂就会时时呈现出精彩！

9.《不怒自威》

本书以清新的笔调、翔实的案例向教师娓娓道来：要树立起自己的威信，教师除了要师德高尚、敬业爱生，专业精勤、诚实守信、仪表得当，还要宽严有度、教管有方、赏罚分明、公平公正。这样能使学生对教师心悦诚服，使教师不会在"学生难管"的哀叹中失去教育的权威。

10.《好学生是怎样炼成的》

行为变为习惯，习惯养成性格，性格决定命运。一个动作，一种行为，多次重复，会进入人的潜意识，变成习惯性动作。习惯对每个人梦想的实现，命运的选择起到了决定性作用。青少年正处于一个习惯的塑造和培养期，养成良好的习惯有助于让孩子成为好学生，会使其受益终生。

11.《与差生说拜拜》

本书以新颖的创作手法和情真意切的教育语言从多个方面阐述了怎样对后进生进行转化，如何正确认识后进生，坚守对后进生的教育之爱，唤起后进生向上的信心，解开后进生的"心结"，有针对性地解决后进生的"问题"行为，加大对后进生的学法指导，提升后进生的自身能力，善用工作技巧来解决后进生问题，走出教育后进生的误区。本书有较强的可读性、针对性、实用性和操作性，对教师转化后进生的教育工作有实际性的参考和切实有效的帮助。

12.《从管到不管》

课堂管理艺术和技巧是以学生发展为本的，是教师教学智慧的新表征，是教学实践和经验概括和理性提升，本书所阐述的艺术和技巧是简约的，实用的，可操作的，可借鉴的。教师通过本书的阅读和借鉴，能够在新课程实践探索的道路上，不断更新课堂管理理念，优化课堂管理行为，形成新的教学本领和新的课堂管理艺术，让课堂教学焕发出生命的活力。

13.《把握好教学心理》 为了帮助读者成为"有意识的教师"，作者提出了若干问题以引导学生思考和学习，并列举大量课堂实例，作为实践范例。本书鼓励教师去思考学生是如何发展和学习的；鼓励教师在教学之前和教学过程中做出决策；鼓励教师思考如何证明学生正在进行学习、正在迈向成功。本书反映了当前有关的新理论与新进展，所介绍的各种研究结论在课堂实践中得到了验证与应用。该书所倡导的兼收并蓄的均衡教学为教学的专业化发展奠定了基础。

14.《完美的班规》

优秀的班集体需要制订切实可行、行之有效的好班规。本书采用了通俗的创作方法，把死板的道理鲜活化，把教条的写法改变为以案例为主，分析、评点为辅，把最先进的教育理念和方法融入有趣的情境中。经典的案例，情境式的叙述，流畅的语言，充满感情的评述，发人深省的剖析，娓娓道来、深入浅出，让教师更充分地领会先进、有效的教育方法。

15.《让问题学生不再成问题》

班级里总有那么些学生：有的顶撞老师，经常迟到；有的迷恋网络，偷拿钱物，早恋；有的对同学暴力相向，甚至离家出走；教师在他们身上花费很多精力，然而收效甚微。教育这些学生，需要耐心，更需要教育的智慧。

本书是一部针对这一现象为教师提供方法的教育研究专著，也是一部关于问题学生的教育学通俗读物。本书以教师最头痛的问题学生为突破口，努力在这个问题上把智慧型教育理论化、具体化、可操作化，且适当规范化。这既是教育问题学生的一本"医书"，也是教师科学思维方式的培训教材。

16.《消除师生间的鸿沟》

本书在编写中，尽力以轻松的笔调来"海阔天空"地谈论教育中的师生关系这一敏感问题，以求能让读者在阅读中有快乐、有启发、有思辨。本书每一篇章采用夹叙夹议的编写风格，叙述的是事例，议论的是道理。为了最终能让读者更广泛、更深刻地明白教育道理，本书一般通过"生活事例—生活道理—教育道理—教育案例"这种内外结合、纵横交错的行文方式，实现"顺理成章"的阅读品质。

17.《用活动管理班级》

随着社会和教育的发展，我们对班级的认识也经历着一个相应的发展历程。班主任的角色定位与对班级性质的认识应该是相匹配的。班级活动作为班级功能主要的承载体，在功能、形式和内容上同样需要在新课程背景下重新定位。本书紧扣班主任专业化发展这一核心理念，从班主任实际工作需要出发，由案例导入理论问题，又理论联系实践，突出案例教学与活动的组织和设计；不仅贯彻教育部提出的针对性、实效性、创新性、操作性等原则，而且便于进行系统、有选择性的培训。

18.《学生奖惩艺术》

现在的学校普遍提倡激励教育，少用惩罚性处罚手段，认为处罚只能打击学生的自尊心，使学生丧失上进和改正缺点的动力。但是，激励不是万能的。教育不能没有处罚，没有处罚的教育是不完整的教育。本书针对教师如何奖励和处罚学生进行了系统而深入的分析和探讨，并提出了解决这一问题的新思路、可供实际操作的新方案，内容翔实，个案丰富，对中小学教师颇有启发意义。本书体例科学，内容生动活泼，语言简洁明快，针对性强，具有很强的系统性、实用性、实践性和指导性。

19.《永葆教育激情》

谁偷走了中小学教师的激情？生命中不能承受之重对教师起到了什么影响？教师职业倦怠的原因在哪里？克服倦怠的具体行动有哪些？如何正确认识和驾驭工作压力？……这些问题就是本书要为你回答的。本书对教师的职业倦怠进行了系统而深入的分析和探讨，并提出了解决这一问题的新思路、可供实际操作的新方案，内容翔实，教案丰富，对中小学教师颇有启发意义。

20.《超级班级管理法》

班级管理是门艺术，大凡艺术殿堂的攀登，都需要自觉的奉献；班级管理又是门科学，涉及科学领域的探索，必依赖智慧的涌动。本书是多位优秀班主任集思广益、辛勤笔耕的结晶。一是实用性，所选的问题都来自班主任的实际工作，容易引起班主任的同感。二是可操作性，提出的应对方法都简便易行。三是时代性，所选问题与当前课程改革、与学生实际相结合具有浓厚的时代气息。

由于时间、经验的关系，本书在编写等方面，必定存在不足和错误之处，衷心希望各界读者、一线教师及教育界人士批评指正。

编者

C目录
ONTENTS

班规的目标指向

教师的两大任务就是教书和育人。从某种意义上说，育人更重要。新时代的发展，不仅需要科技人才，更需要高素质的建设者。

教育学生做人有多种方式，而通过班规教育学生做人则是一种比较有效的方式。教师不妨采用这种方式，让自己的学生都能够彻底地明白做人的道理，从而真正达到育人的目的。

山东省日照港中学的优秀教师秦玉彬认为，制订班规的主要目的是让学生能够从中学会做人的道理，并严格要求自己。秦老师所制订的班规中有这样一条：每位同学应该自觉遵守纪律，为人诚实、自尊、自爱、自重、奋发向上。

这条班规说明了它的目标指向正是教育学生学会做人。其中的"诚实"恰是学会做人的风向标。

在秦老师的班上曾经发生这样一件事情。

有一天，学生小明拿着五十元钱交给秦老师，并告诉老师这钱是自己在上学的路上捡到的。对于小明这种拾金不昧的行为，秦老师特意在班里表扬了他，并给他所在的小组加了分。小明受到表扬后非常高兴，脸上始终洋溢着灿烂而又幸福的笑容。

过了几天，小明的家长打来电话，忧心忡忡地说自己的孩子在家有偷钱的行为，并告诉秦老师最近发现家里的五十元钱不见了，希望秦老师帮助调查。

这时，秦老师想起了小明最近交公的钱，还有他被表扬时的那股高兴劲，猜测小明肯定是拿了家里的钱来博得老师的表扬。

于是，秦老师把小明叫到办公室，虽然神情很严肃，但还是很关爱地对小明说："小明，你认为诚实对一个人来说重不重要呢？"

"当然重……要啊。"小明小声地说。

"我们的班规中有一条就是要诚实，是吗？"

"是……的。"

听到小明断断续续的回答，秦老师并没有因为他拿家里的钱交公而直接批评他，而是给他讲了个"滚雷英雄"的故事。

在淮海战役期间，有一位解放军战士被地雷炸得遍体鳞伤，生命危在旦夕。原来，他在冲锋道路上第一个滚下身子，压向一串地雷，为后面战士的冲锋扫清了障碍，为战斗的胜利立下了大功。

之后，首长亲自来到前沿阵地看望他，并告诉他："师部已经给你记下一等大功，授予你'滚雷英雄'的荣誉称号。"

听到这个喜讯，战士并没有感到高兴，而是一直紧紧地皱着眉头，努力地摇了摇头。

首长不解，便问连长，这个战士在战斗前有什么要求？连长说："他曾提出火线入党的申请。"首长立即指示连党支部开会讨论这个问题，并一致通过吸收这位英雄加入中国共产党。首长还亲自把这一喜讯告诉他。但是，他那紧锁的眉头还是没有松开，眼前似乎笼罩着一层雾。

看到这一情形，首长更为不解，决定不能让"滚雷英雄"就这样心事重重地与大家永别。他问这位战士能否写字，军医说他的右手还能动。连长便把笔塞到战士的手里，捧着本子在他床前。汗珠从战士额头一滴一滴地淌下来，足足用了十五分钟，他才写下了歪歪扭扭的十五个字："我不是'滚雷英雄'，我是被石头绊倒的。"随后笔掉在地上，他睁着双眼平静地离开了。

小明听完故事后两眼变得红红的，这时秦老师因势利导，又说："如果战士不写下这句话，首长的许诺都可以成为现实。他会因此而拥有永久的、至高的荣誉。当然，这样做是不诚实的表现。战士认识到这一点，他不容许一点点灰尘玷污自己的心灵，最终还是毅然地说出了真相。你看，他是一个多么诚实的英雄啊！"

老师的这番话再一次触动了小明的心灵。小明思考了一会儿，他承认了那五十元钱是自己从家里偷的。

这时，秦老师语重心长地对他说："通过'拾'钱交公，给自己的小组加分，说明你有很强的集体荣誉感。如果是'以偷代拾'，就不算是一个诚实的学生了，这样会损害你的道德。这与'千里之堤，溃于蚁穴'的道理一样，时间长了，后果将是不堪设想的。"

小明使劲地点了点头，一脸通红地对老师说："以后我一定做一名诚实的学生，不说谎话。"

在以后的日子里，小明逐渐地改掉了说谎的坏毛病，并始终用这个故事鞭策自己，这让秦老师感到很欣慰。

诚实是做人的基本要求，是良好品德的体现，也是当代教育者特别关注的问题。要想培养具有良好道德的高素质人才，教师对学生的教育首先要着眼于诚实，如果没有诚实作支撑，是不可能真正抵达成功的彼岸的。为此，教师要通过班规使学生明确做人的目标指向，让学生明白学做事首先要学做人的道理。

学生时期是人生的奠基阶段，也是学会做人的最佳时期。教师应该抓住契机，运用班规教育学生，让他们学会做人。

案例中秦老师正是通过班规教育了小明，使小明明白了做人应该诚实的道理。刚开始，为了能够获得表扬，小明从家里偷钱交给秦老师。当时秦老师不清楚这钱的由来，认为真的是小明捡的，所以在班里表扬了他。可是后来，当从家长那了解小明的一些情况后，秦老师才知道小明交的钱不是捡的，而是从家里偷的。

面对这种情况，同时也为了获得更好的教育效果，秦老师并没有选择在班上直接批评小明，而是把他单独叫到办公室，并巧妙地运用班规引导、教育他，使他在教育中领会诚实的真正含义，知道了自己应该做一个诚实的学生。秦老师这样的做法既保护了小明的自尊心，同时又点燃了小明做诚实人的希望火种，为他彻底接受诚实教育奠定了基础。

俗话说：人非圣贤，孰能无过。试问在漫长的人生道路上，谁没有犯过错误呢？作为学生，他们犯错也是在所难免的，比如偶尔说说谎话，心口不一都是很常见的。作为一名教师，应该谨记：面对学生的错，在用班规惩罚他们时要注意宽容，让他们在宽容中改过自新，在宽容中学会做人。

的确，教育的首要任务是让学生学会做人。在具体的教育实践中，各位教师应该向秦老师学习，允许学生犯错，但要灵活地运用班规教育学生知错、改错。同时，应该注意，在教育犯错学生时切记不可"眼里揉不得半点沙子"，而要相信学生会在宽容中知错、改错，并就此鼓励他们做诚实人，使其真正明白做人的道理。这样既应对了班规的目标指向，又会获得良好的教育效果。因此，在班规的具体执行过程中，教师一定要重视这一点，应该有选择地宽容学生，教育他们学会做人。

著名特级教师魏书生特别提倡宽容惩罚违纪学生，他的班规中有这样一条：犯小错误的，唱一支歌；犯稍大错误的，做一件事；犯大错误的，写一份心理变化说明书。在一定程度上说，正是这种班规的"温柔"惩罚，在教育学生的过程中够达到动之以情、晓之以理、导之以行的目的，使学生在接受惩罚后能够真正认识自己的错误，真正学会做人。教育学生怎样做人是一项长期、复杂的工程，需要不断地添砖加瓦。案例中所说的诚实只不过是这巨大工程的冰山一角，还需要教师不断地探索、发现。

如今，由于学生的物质生活优裕，有些学生便贪图安逸、不思进取，没有一个明确的学习目的；有的学生则自私自利，不懂得感激别人，根本不考虑别人的感受，无视集体存在；有的学生则养成不良的生活习惯、学习习惯，做事缺乏毅力，不会控制自己的情绪；等等。

针对学生的这些现状，教师应该加强班规教育，要始终以教会学生做人为出发点和归宿，把学校、家庭和社会的各项要求人格化、情感化，并在具体的教育过程中引导他们理解做人的真正含义，从而不断强化学生的责任意识、群体意识、磨难意识、承受挫折意识等，以便提高学生的道德素养，让他们真正懂得自己应该做一个爱国、正直、敢于拼搏的人。

为了培养学生的爱国主义精神，教师可以带领学生观看爱国主义电影，让他们在爱国主义精神的熏陶、教育下，意识到自己应该拥有一颗爱国心，应该热爱自己的祖国；还可以给他们讲述历史上一些爱国英雄的故事，比如戚继光、林则徐等人的事迹，让他们在了解故事的同时，逐渐被这些爱国英雄的壮举所折服。这样，爱国主义情感在他们心中便会油然而生，他们内心深处的爱国热情便得到了激发，在以后的学习生活中，他们也一定能够真正地做到爱国，这样我们的爱国主义教育目的也就达到了。

为了教育学生做正直的人，教师可以用一些高风亮节、正义凛然的人物事迹教育学生，使他们感受到这些人在面对各种困难时所表现出来的独特的人格魅力，明白做人就应该像他们那样正直。

为此，教师应该在班规里给学生制定相应的行为要求，逐步引导学生做一个正直的人。例如，遇事要分清是非，不能人云亦云；要不畏强暴，但又不能欺侮弱小；做人、做事要光明正大，不说谎、不欺骗；等等。

为了教育学生做敢于拼搏的人，教师可以用那些在逆境中仍能够保持顽强拼搏精神的人物事迹，例如张海迪的故事等，教育学生，让他们真正明白，做人就应该具有顽强拼搏的精神，应该做一个敢于拼搏的人。让他们真正领悟，在面对困难、面对挫折时，要做的不是怨天尤人，而是敢于与命运抗争，敢于与现实拼搏。我们坚信，在这种精神的感召下，学生能够变得勇敢，能够战胜艰难险阻，获得最后的胜利。

无论是爱国、正直，还是敢于拼搏，它们都是教育学生如何做人的标杆和要求。但是做人的标杆和要求并非仅此几种，这就需要教师从更加广阔的领域教育学生学会做人。在具体的教育过程中，教师要制定相应的班规，并从班规教育出发，将做人的要求一一落到实处，让所有的学生都能够真正遵守班规。

班规制定以后必须严格执行，教师在做到依"规"治班的同时，还要注意通过班规教育学生怎样做人，因为这才是班规的目标指向。那么，作为班主任，又该如何运用班规教育学生学会做人呢？

1. 抓住契机，运用班规教育学生

班级管理工作琐碎而又复杂，班主任在具体工作中要注意抓住契机，通过班规教育，让学生明白学会做人的重要性，清楚自己将来应该成为怎样的人，并及时引导学生从点滴做起，从自我做起，成为一名循规守法的好学生。例如，通过班规教育，培养学生良好的行为习惯、锻炼健康的体魄、培养健全的人格等。

2. 为学生树立榜样，率先遵守班规

虽然班规是用来约束学生日常行为规范的，但是作为教师，应该以身作则，率先遵守班规，为学生树立榜样。如果教师自己起不到模范作用，那还怎么要求学生遵守班规，学会做人呢？

苏霍姆林斯基曾指出，儿童的心灵是敏感的，它是为接受一切好的东西而敞开的。如果教师指导儿童学习好榜样，鼓励他们效仿一切好的行为，那么儿童身上的缺点就会没有痛苦地、没有创伤地、不觉得难受地逐渐消失。

这说明榜样就像一面旗帜，具有一定的生动性和鲜明性，它会让学生主动模仿教师的为人处世。因此，教师一定要为人师表，率先遵守班规，以自己的人格勉励学生，使其形成健全的人格。

3. 激励学生自立自强

随着物质生活水平的提高，部分学生在生活中缺乏自立自强的精神。针对这一问题，教师就要在班规中要求学生做到自立自强，并时刻用它教育学生。例如，针对有的学生平时在家里很少做家务，还经常向父母讨要零花钱这一现象，教师可以结合班规，用相关故事教育他们。在美国，许多学生的零花钱都是自己挣的，他们去餐厅洗碗，去卖报纸，甚至有的年满18周岁的大学生为了挣自己的学费和生活费，每天在完成学习任务后，要做好几份工作。将这样的故事与班规教育相结合，学生自然会明白自己应该学会自立自强。

4. 鼓励学生勤俭节约

有的学生在食堂用餐时，经常把餐桌弄得乱七八糟，还有浪费粮食的坏习惯。针对这种情况，教师可以加强班规教育，并通过和其他同学比较的方式，使他们明白自己的过错，明白粮食的来之不易，使他们懂得珍惜粮食、勤俭朴实的重要性，在生活中养成勤俭节约的好习惯。

5. 运用班规考评学生的日常行为

教师教育学生做人大部分是从勤奋好学、勤劳勇敢、尊老爱幼、助人为乐、拾金不昧等方面做起，那么可以据此结合班规制定班级学生行为考核评价表。

如果学生做到了相应的条款，教师就给予相对应的评分。比如，做到了一条贴一颗红星；做到了五条贴一朵红花；做到了十条贴一面红旗等。最后将学生得分结果通知家长，让家长也参与评价，让每一位学生都能够感受到自己的进步。这样，在相互比较、竞争的环境中，学生一定会争取做得更好。如此，在这个过程中，学生自然就会明白自己该如何为人处世了。

　　总之，在教育教学过程中，教师应充分重视班规的目标指向作用，重视教育学生如何做人，这样有助于学生明白做人的道理，学会如何做人。同时，班级也有机会成为优秀的班级。

教师要成为班规确立的引导者

在教育教学过程中，常常可以看到这样一种现象：一个原来品质较差的学生，调入一个生机勃勃、奋发向上的班级后，班主任并没有对他采取特殊的教育措施，但他的散漫言行却逐步有所收敛，渐渐改正，能够跟上集体的步伐。这是什么原因呢？这其实就是良好班规对学生的导向性作用。

一个好的班级必定有一个好的班规，而作为班级的组织者——教师，是确立班规的引导者。教师应高度重视班规的作用，结合学校和班级的特点，建立一个比较合理，让每个学生都能接受，并能严格执行的班规，从而规范班级学生的思想和行为。

很多名师都是班规确立的引导者，全国著名特级教师、成都市武侯实验中学原校长李镇西就是这方面的楷模。

有一天，在班会上，李老师对全班学生说："我们班一直缺个东西，就是班规。今天我们就来讨论一下这个问题。同学们想不想让我们班以后成为一个优秀的班集体？"

李老师的话音还未落，学生已经纷纷点头说："当然想！"

"好！我也和你们一样，希望我们班成为优秀的班集体。但是，我们在建设班集体的过程中，肯定会遇到许多困难，包括我们会犯各种各样的错误，这些都会妨碍我们实现自己的目标，怎么办呢？所以李老师想问第二个问题：你们是不是真的觉得应该制订班规？——这个问题不要急于回答，一定要想好后再回答，不要揣摩李老师的意愿，不要为了让李老师高兴而说违心的话。"

学生开始认真地想，过了几分钟，纷纷回答说："应该制定！"

"究竟有多少人同意呢？这样吧，凡是觉得有制定班规的必要的同学，请把手举起来。"

果然，一只只手举了起来，李老师看到大多数学生是同意的。

李老师又问："有没有不同意的，也请把手举起来。反对的同学不要有什么顾虑，我希望同学们能够勇敢地、真实地表达自己的意愿。"

这时，小星和小杰把手举了起来。

"好！不同意就不违心地同意。我非常赞赏你们的独立精神。"李老师表扬了小星和小杰，"你们能够说说为什么不同意制定班规吗？"

小星说："制定班规让我们受到束缚，不自由，这会影响我们班的和谐气氛。"

小杰说："我觉得没有必要制定班规，同学们犯了错误，老师教育就可以了。而且班规是对大家的不信任。我以前看到过一个故事，说一个校长坚持在学校不安装铁门而安装玻璃门，因为他相信学生们不会把门撞破，结果几年后玻璃门一点都没有破。所以，我觉得老师应该相信我们学生。"

李老师询问其他学生："刚才举手同意制定班规的同学中，有没有听了这两位同学的观点后，认为他们说得有道理而改变了主意，觉得还是不制定班规的好？"

"刷"地一下，有四名学生举起了手。

李老师又问："同意制定班规的同学，你们怎么看待小星和小杰的意见呢？"

这时，学生纷纷发言。

学生1："肯定应该有班规，一个班没有规矩怎么行？小杰说的那个玻璃门的故事不能说明问题，如果玻璃门被撞坏了，还是得赔偿，这不就是一种规矩、一种惩罚吗？"

学生2："不能说制定班规就不自由，班规是对不守纪律的同学的制约。"

学生3："班规不是束缚我们，而是引导我们怎样做才最好。国有国法，家有家规嘛！"

学生4："当然应该制定班规。一个集体必须要有统一的行为规范，不然会乱套。"

听了学生发言后，李老师进行了总结："小星和小杰认为，制定班规就是不信任同学们。我认为并不是这样。尊重、信任同学们和严格要求同学们是不矛盾的。这里的严格要求，就包括合理的规章制度。教育，还包括行为的养成，而这'养成'就包含了行为的训练，该做什么不该做什么，都要有规矩。其实，好的制度应该是让遵守制度的人感觉不到制度的存在，而同时，不守规矩的人又处处能感受到制度的约束。比如，李老师没有感到刑法的存在，而觉得受到了约束。但是我却处处感到交通法规的制约，因为我现在开车上班，最初几天，早晨很早的时候，为了赶在你们出操之前到学校和大家一起跑步，我偶尔还闯红灯。（学生再次大笑）每当这时，我就老担心警察，想着如果闯了红灯我要被扣分还要罚款。所以，我现在就不敢闯红灯了。无论我们多么信任人，要知道，理论上说，人人都会犯错误的，那么，根据这一点，我们制定出规章制度就是为防止大家犯错误或少犯错误。中国 14 亿人，犯罪分子只占极少数，但为了这极少数人，我们制定出了面对全体中国人的法律，这能说是对所有中国人的不信任吗？因此，我认为，制度是必需的，班规也是必需的。"

说到这儿，李老师问小星："听了刚才同学们的发言和李老师的话，你对制定班规想通了吗？你的想法有没有改变？"

小星说："快了！"

学生善意地笑了。

李老师又问小杰："你呢？同学们和李老师说服你没有？"

小杰说："没有，我还是不同意制定班规。"

李老师说："不要紧，没有被说服就保留你的看法。"然后，李老师转身问大家，"那么，我们这个班规还制定不制定呢？"

学生都说："要制定，要制定！"

"那么，我们只能少数服从多数。"但同时李老师又补充了一句，"我们也尊重小杰同学的意见。"

之后，李老师强调："就制度而言，民主有两个原则：行动上，少数服从多数；精神上，多数尊重少数。

最后，李老师在绝大多数学生都同意的情况下，引领全班学生在民主、和谐的气氛中制定出了一份详细的、大家都能接受的班规。李老师对这份班规简单做了总结："这份班规将是我们班的'法律'。在法律面前，人人是平等的。李老师多次说过，唯有集体的智慧和意志，即体现这智慧和意志的制度，也就是班规，才能保证我们班逐步成为一个优秀的班集体，这是我们共同的理想。而在这个过程中，同学们在成长，李老师也将和你们一起成长。"

台下顿时响起了一片热烈的掌声。

以前，制定班规都是教师的事。但李镇西老师认为，对于班主任来说，制定一个班规很容易，但如果这个班规不是来自学生而仅仅是来自教师的想法，这样的班规是不会真正起到应有的作用的，而且这也是一名班主任教师对班规不重视的表现，因为这种班规是建立在教师特权基础上的，比较随意，没有民主可言。因此，李老师一上课，就先问了学生一个问题："同学们想不想让我们班以后成为一个优秀的班集体？"

"当然想！"学生给出了肯定的回答，而这也在李老师的意料之中，因为谁不愿意生活在一个美好的班集体中呢？但李老师认为这个问题必须问，因为这可以让学生明确师生共同的目标：建设优秀的班集体。同时这个问题潜在一个答案，那就是：制定班规是实现建设优秀班集体这一理想的必经之路。但李老师却没有一步到位地说出来，而是一步一步引导学生："好！我也和你们一样，希望我们班成为优秀的班集体。但是，我们在建设班集体的过程中，肯定会遇到许多困难，包括我们会犯各种各样的错误，这些都会妨碍我们实现自己的目标，怎么办呢？所以李老师想问第二个问题：你们是不是真的觉得应该制定班规？这个问题不要急于回答，一定要想好后再回答，不要揣摩李老师的意愿，不要为了让李老师高兴而说违心的话。"

学生经过认真思考后，意见出现了分歧，大部分学生都表示赞同，但有两个学生表示不同意，他们的理由是，班规会让人受到束缚，是对学生的不信任。李老师没有立即对他们的观点给予评论，而是发动全班学生讨论他们的说法是否成立。

学生都积极发表言论，阐明自己的观点和理由，来表明制定班规的必要性。而李老师也在最后用刑法和交通法规对自己的影响来说明制度是必需的，班规也是必需的。但仍有一名学生坚持不同意建立班规，李老师在尊重这名学生意见的前提下，少数服从多数，决定制定班规。

可以看出，李老师从一开始就非常尊重学生的意见，他没有用教师的特权随意起草一份班规，而是把问题拿到班会上让学生集体讨论，通过一步步引导，让学生明白制定班规对建立一个优秀的班集体是多么重要。

由此，也可以看出，李老师对班规制定的重视程度。他认为，制定班规是一件非常严肃的事。如果教师匆匆抛出一份班规让大家照着做，效率是很高，但这样的班规多半不能实施。如果教师多花些时间，和学生共同来制定，这样能实现班规的约束作用，建立起一个优秀的班集体。所以，制定班规，应当像李老师那样严肃认真地对待，遵循平等民主原则，通过引导学生，制定出一份符合本班特点的、详细、具有可行性的规章制度。

新课程改革指出，教师要在与学生平等对话的合作互动中，加强对学生的点拨和指导，实现教学相长。这里的对话不仅要落实于课堂教学中，也应落实到班级管理之中。班规制定是班级管理一个必不可少的环节。因此，教师在引导学生制定班规时，要体现出新课改的对话精神，与学生进行平等的双向交流。

1. 让学生充分参与班规的制定

民主型的班级规章制度，多诞生于学生的讨论。凡是遭到学生抵触的班规，大多产生于班主任的办公室，制定过程几乎没有学生的参与。因此，要制定出一份针对性强、指导意义大、具有可行性的班规，班主任要给予学生充分的参与权，由全班学生共同讨论制定。

2. 班规既要约束学生，也要作用于教师

班规是一个班级的行为规范，教师作为一个班级必不可少的成员，自然也应遵守班规，这也是体现师生人格平等的一个重要方面。所以，教师在引导学生制定班规时，也要考虑把自身的行为和观念规范到班规里，这样能更加显示出教育是教师与学生平等对话的交互活动。

一份师生平等的班规，对教师的规约性至少应体现于三个方面：教师的责任与权利、教师教学日常行为标准和教师教学事件（问题）解决方法。在班规中教师常约定学生"尊敬师长，按时上交作业，知错能改……"也就应相应约定教师"尊重学生，不侮辱、不体罚学生，及时批改作业并向学生反馈，及时反思教学并改进……"

3. 班规要采用正面引导性语言

传统的班规常采用禁令式的、模糊不确定的语言。这种班规会让学生产生一种心理压抑感及操作的模糊性。因此，教师在班规的语言表达上要采用正面引导性语言，以"良好形象"和"常见陋习"两种形式同时给出示范，这样既是对学生的尊重，也是班规亲和力的魅力所在，更重要的是它能有效消解禁令式班规的压抑性。

比如，把"学习习惯良好"细化为"积极发言，善于思考；上课专心，自修安静；书籍资料，分类整理；笔记内容，定期整理……"学生在与这类班规文本对话时，更容易确定出学习行动的参照。

4. 班规内容呈现多元的正面引导

为了增强对违纪学生处理上的可操作性，不少教师常倾向把班规制定成处罚条文。有的是明令体罚、罚款，如"（1）迟到一次罚站立面壁思过二十分钟。（2）上课闲聊干扰上课罚款一元……"也有的是隐性的变相体罚或罚款，如"一周内违纪一次为班级义务劳动两天，违纪两次为班级捐课外读物一本"等。这种片面班规，很容易引起学生的抵触情绪。

其实，一份成功完整的班规，应涉及"学生岗位责任制、学生日常行为标准、教师岗位责任制、教师日常行为标准、教学问题解决方案"五方面，既有对学生思想、行为的正面引导，也有对教师的要求，从细节上把握班规的内容，呈现出多元引导的局面。

5. 教师应带领学生详细解读班规

有些班主任在自行制定班规后，交给班干部在班上宣读一下，然后贴在教室里，就算具有了规约效力。这种简单的做法极不利于学生对班规的理解，有时还会激起学生的抵触情绪。

即使是对话状态中产生的班规，班主任也应利用专门的时间与学生共同解读。一方面，解读制定班规的指导思想及意义，如"为什么要写入有关教师的规约？""为什么要并行给出良好形象和常见陋习两方面？"等。另一方面，解读班规实施构想，重点对师生责任、日常行为等进行正面例解。

总之，在新课改的背景下，班主任教师在引导学生制定班规时，要尊重学生的意见，让学生参与制定的过程，师生双方互相交流、互相包容，心灵彼此敞开并随时接纳对方。教师要引导学生理解班规的作用，并使其慢慢接受班规，为建立一个优秀的班集体打下基础。

班主任是一个班级的组织者和引导者。因此，在制定班规方面，班主任应起到应有的引导作用。那么，班主任怎样做才能起到引导作用，从而确立班规呢？

1. 师生共同制定班规

制定班规主要是规范学生的行为，既然学生是其中的主要针对对象，班主任教师在制定班规时，就应让学生参与进来，师生共同来制定班规，以便更好地管理班级。

师生如何共同制定班规呢？班主任要利用班会时间制定班规。比如，第一步，由班主任提出班内亟待解决的问题，问题不要太多，一般为一至三个问题。第二步，让学生讨论这些问题会对班集体的发展和大家学习造成的危害，并提出具体的解决办法。第三步，各组组长代表本组发言，使同学进一步达成共识。第四步，师生共同制定班规。可以按约法三章，就定三条，便于学生明确，并使每一位学生同意。第五步，每周或每月总结一次。同时，发现新问题，并据此补充和完善班规。整个过程必须体现两点：一是制定班规的目的必须明确；二是制定过程必须民主。

另外，也可以先由班主任指导班干部及学生代表拟出班规草案，然后提交全班学生共同讨论后再修订定稿。

2. 学生自定班规

学生既是学习的主体，也是一个班级组成的主体。因此，班主任教师在班级管理中要充分发挥学生的主体作用，鼓励他们"自定班规"。

制定过程：先由班主任主持讨论制定班规的意义；当认识统一之后，班主任以布置作业的方式要求全班学生各自独立为班级制定一份班规，并向学生提出三点要求。

（1）针对性

要求学生自己观察分析班级现有的问题，并要善于归纳，找出解决问题的突破口，然后有针对性地写出班规。

（2）实效性

"勿以善小而不为"，班级建设要从小事抓起，切忌说空话和大话，一切从实际出发，使每一条班规都能行之有效。

（3）全面性

即把学习、生活、纪律、劳动、卫生、礼仪、群体等诸方面都考虑到。在实际操作中，我们可能会发现，这些出自于学生之手的一条条班规，虽然语言有些稚嫩，但却不失朴实；思想层次未必很高，但却实用。

3. 家长、教师和学生三方同制班规

一般情况下，教师会采用民主的方式让学生参与、讨论班规的制定过程，但很少有教师会想到邀请家长参与班规的制定。其实，如果让家长也参与班规的制定，不但可以让家长了解班规，而且还可以让他们帮助班主任规范学生的行为，避免许多不必要的麻烦，同时也拉近了班主任和家长之间的距离。

制定方法：开家长会时，班主任和家长一起讨论班规方案，积极采纳家长的好建议。会后，把班规印发给家长，以便随时查阅。

应该说，在新课改背景下，班规的制定都体现出很大的民主性，不再像以前那样"办公室"里制定班规了，不但让学生积极参与，有时还会征询家长的意见。但不管采取哪种办法，班主任教师都是引领者，教师高度重视班规的作用，学生也会给予重视，从而制定出合理的班规，形成良好的班风，让班级健康发展成为一个优秀的班集体。

小学班规的确立原则

规则是遵守秩序的保障。崇尚与遵守规则，对于个人来说，是一种良好的习惯；对于班级来说，是一种良好的班风；对于学校来说，是一种良好的氛围。在一个大家都遵守规则的环境中，个人比较容易养成自觉遵守规则的良好习惯。因此，营造一个秩序井然的班级环境，是培养学生遵守规则的最好条件。

而营造秩序井然的班级环境的最好方法，就是给学生制定适合的班规。有了班规，学生的言行就有了外力约束。尤其是自我控制能力较差的小学生，只有在外力约束下，他们才能自我约束，养成有利于自身成长与发展的良好习惯。

《优秀是教出来的》的作者罗恩·克拉克（Ron Clark），是全美最佳教师奖得主，是唯一被美国总统接见过三次的小学老师。他执教的学生都来自美国最贫困的家庭，学校的资源也不丰富，但是克拉克老师却一次次地让自己所带的班级成为优秀班级。

克拉克老师先后执教过两所小学。第一所位于北卡罗来纳州偏僻的乡下，这所学校教学资源缺乏，学生学习状况与其他学校相比，普遍处于弱势。但他却把这一班的学生教到全国知名，并且让他们在圣诞节前夕，获邀前往白宫做客，与总统会面。

第二所小学位于纽约市最贫穷的哈林区。这所学校被许多老师称为"烫手的山芋"，大家都唯恐避之不及，可是克拉克老师却主动申请前去执教。结果两年后，他班上的学生，居然纷纷考上纽约市最难考的明星初中。

这是为什么呢？答案就见于克拉克老师对教育的热情，以及其制定的培养学生综合习惯的 55 条班规了。这一套班规，不但有效地维持了班级秩序，更重要的是为学生的未来做好了准备，帮助他们形成了有利于生活、学习与事业的各种优势态度与能力。

克拉克老师制定的班规分为好几个部分。比如，生活中的永恒"班规"、学习中的行为模式等。

例如班规第1条，"遇到大人要主动问候打招呼。大人问话时，一定要回答清楚，不要光是点头摇头，也不要含糊其辞。"第2条，"当别人在讲话时，你的眼睛要一直看着他。"这些规定，都可以培养学生尊重他人的态度与习惯。

在这些班规的指导下，克拉克的学生即便去学校的餐厅进餐，在点菜时都会注意看着餐厅员工的眼睛，说："麻烦您给一点这个"，并且经常把"谢谢""打扰了""麻烦您"等礼貌用语挂在嘴边。这些良好的语言习惯，使得餐厅员工总是打心眼儿里称赞这群学生为"多么令人开心的好学生"。

后来，克拉克老师班上有12名学生报考纽约市的明星初中。这是一所吸引全纽约各类优秀学生的学校，但是却只提供了30个新生入学名额，结果克拉克老师的12名学生全部被录取了。

事后，克拉克老师才知道，原来是因为口试时，学生都表现出了自己"彬彬有礼"的态度。这样良好的个人习惯让评选委员大加赞赏与肯定。

班规第37条，"如果有人撞到你，即使不是你的错，也要说声对不起"。有一次学生搭飞机从纽约前往洛杉矶，有位女士专门找到在机场外等候学生的克拉克老师，称赞道："你的学生经过我头等舱的座位时，不小心碰到我的手臂，都会转头说对不起，真的非常有礼貌，你真是位了不起的老师。"

克拉克认为，一个小小的碰撞，都有可能导致第三次世界大战。这条班规就是为了化解这种没必要的争端而制定的。年轻人，尤其是小学生血气方刚，常常会因为不小心的碰撞而引起暴力事件。这都是因为双方没有养成良好的礼貌习惯所致。因此，在制定班规时，极有必要作一些化解纷争的限制性规定。

"良好习惯的建立，是一切成功的保证。"克拉克老师的55条班规中所谈到的日常生活中的基本规范，虽然常被我们忽略，但却是生活中最重要的一环。

此外，克拉克老师的55条班规中还规定，"改同学试卷时要特别谨慎""全班一起念课文时，要看着正念的一字一句""以完整的句子回答所有的问题""每天都要做完作业""换科目的时候，动作要快，要安静，要守秩序""老师在指定作业的时候，不要叫苦""其他老师来代课，也要守班规"，"课堂上发言，要起身，应该讲规矩""不可以上课上一半，起身去倒水"等培养学生良好习惯的规定。

克拉克老师进入北卡州那所学校时，这个班级非常混乱，学生因为贪玩，总是不能按时完成作业。而且老师布置作业的时候，即便只留几道题，他们都会叫苦连天，认为负担太重。

于是，克拉克老师就把"每天都要做完作业"与"老师在指定作业的时候，不要叫苦"这两条班规放在醒目位置，并且不时地提醒学生。

时间一长，学生就渐渐地习惯了，不再为作业发牢骚。以后每次老师布置作业时，他们都会安静地记录，并且当天完成所有作业。即便离开克拉克老师，他们也都一直保持这个良好的学习习惯。

什么是"习惯"？习惯是一个人后天习得的稳定行为模式。在学生小时候，是培养良好习惯的最佳时期，因为这个时期，他们的可塑性最强，最不会受自己"习惯领域"的束缚。因此，诸多专家都一致认为培养学生的习惯是"宜早不宜迟"。在实践中，我们也不难发现许多人的生活习惯与技能，都是在小学这一关键时期养成的。甚至还有专家认为，孩子一出生就应该开始培养好习惯。

从小培养学生良好的习惯，是大家的共识。对此，身为教师的克拉克更有同感。他深知，好学生不是惯出来的，而应该是教出来的。

教的方法，除了成年人的言传身教，就是为他们制定相应的行为守则、行为规范。具体到一个班级，自然是班规。

纵观克拉克老师的 55 条班规，不难发现，它就是一个包含着做人与治学等多方面的言行制度。这则班规，不仅可以培养学生尊重他人、礼貌待人的做人习惯，还可以培养学生良好的学习习惯。

做人与学习是学生成长与发展的两大课题。当学生在求学阶段在这两方面养成良好的习惯时，他们就是优秀的人才了，而他们所在的班级，自然也因为他们的存在而成为优秀的班集体了。

于是，克拉克老师就力求制定一则或者几则班规来培养学生一种习惯、一种态度。比如：他的班规的第 1 条与第 2 条，就可以培养学生尊重他人的好习惯；第37条，可以培养学生不打架、礼貌待人的习惯；第14、15、16条等，则是培养学生良好的学习习惯。

当学生对自己的行为认知度不高时，教师有必要让他们提高这种认知。为此，在制定班规时，教师应该以提高学生认知，培养学生良好的综合习惯为基本原则之一。

正是在这种意识的引导下，克拉克老师制定了面面俱到的班规。在这些班规的指引下，他教过的学生，成绩都有了突飞猛进的进步，待人也变得彬彬有礼。

习惯培养要从娃娃抓起。但是在各种因素的影响下，他们可能没有形成良好的习惯就进入学校了。那么此时作为担当其教育第一重任的教师就有必要尽快想办法帮助他们培养良好的综合习惯。

因此，在确定班规时，小学教师要注意利用班规的规范价值帮助学生养成良好的综合习惯，并把这种习惯的养成当做确定班规的基本原则。

通常，可以把意识分为显意识与潜意识两种。前者是指人在警醒状态的知觉活动，后者则是在显意识之下静静等待的一种意识状态。如果把意识比作海上冰山的话，显意识只是其中的一角，而人类的许多奥妙更多地是存在于潜意识中的。

在方向正确的前提下，成功者与失败者的区别，往往在于能否继续坚持到底，即能否做到滴水穿石，通常把它归功于意志。其实，有一种比"意志"要轻松得多但同样能达到目的的好方法，那就是让习惯性动作植根于你的潜意识之中。

所谓习惯，是指不断重复练习而形成的固定化的行为方式。习惯的最大特点是自动化。一旦形成良好的习惯，学生的学习、生活效率就会提高。有研究指出，一个人的日常活动有 90 ％已经通过不断地重复某个动作，在潜意识中转化为程序化的惯性，即不用思考就能自动运作。这种不思考就自动运作的力量，就是习惯的力量。它是不可低估的，时间一长，它甚至可以使运作主体发生巨大的变化。比如，如果学生试着说礼貌用语，时间一长，就会习惯性地讲礼貌，变成一个懂礼貌的学生。

在实际生活中，习惯对人是极为重要的。美国著名的成功学大师奥格·曼狄诺（Auger Mardinuo）曾说过："事实上，成功与失败的最大分别，来自不同的习惯。好习惯是开启成功的钥匙，坏习惯则是一扇向失败敞开的门。"而俄国著名的教育家康斯坦丁·德米特里耶维奇·乌申斯基也认为，好习惯可以让人一生享用它的利息，而坏习惯则是道德上无法偿清的债务，能以不断增长的利息折磨人。

因此，在小学生进入校门接受系统教育之初，教师就应该为帮助他们培养良好的习惯而努力。比如：一个具备良好的学习习惯的学生，无须花更多的时间去考虑，无需高度集中注意力就能顺利地完成自己的学习任务；一个具备良好行为习惯的学生，无须他人指导，就能彬彬有礼地与陌生人相处。总之，良好习惯的养成会使学生终生受益。

既然习惯是在学习、生活过程中逐渐形成的。那么在日常的学习、生活中，教师就要时刻注意培养学生良好的习惯。荀子说过："木受绳则直，金就砺则利。"班规在班级管理中也可以起到"其曲中规"的标尺作用，那么要想让小学生告别昨天的陋习，养成良好的行为习惯，教师就必须把好班规这一关。

首先就是为班规的制定把关。制定班规时，教师必须联系班级学生的实际情况，力求合情、合理又合法。所谓"合情"，是指制定出来的班规，能让小学生从情感上接受；所谓"合理"，是指制定出来的班规必须让小学生感受到它的公平与公正；所谓"合法"，就是指制定出来的班规必须符合校纪校规，不能与教育法规相违背。

因此，从小学生实际情况出发确定的班规，会使小学生有贯彻执行的动力与兴趣。再加上班规自身的约束力与强制性，小学生就能在班规的引导与约束下，逐渐养成良好的综合习惯。

弗朗西斯·培根（Francis Bacon）在《论人生》中明确指出，"习惯真是一种顽强而巨大的力量，它可以主宰人生。因此，人自幼就应该通过完美的教育，去建立一种好的习惯。"因此，在为小学生制定班规时，教师一定要力求所制定的班规有利于培养学生良好的综合习惯。

那么，教师怎样确定班规才能达到培养学生良好的综合习惯的目的呢？

1. 教师自行确定

小学生年纪小、阅历浅、是非观念不强。他们还不能完全界定什么是对自己有利的，什么是对自己不利的；什么是正确的，什么是错误的。

因此,教师在制定班规时,就要针对学生思想上的模糊性,作出明确的指引,并借此培养他们良好的习惯。

比如,小学生自幼在家里接受父母的帮助,没有表示感谢的习惯,进入学校后,他们可能暂时也不会产生感谢的意识。对此,教师就需要在班规中作出明确的规定——受人帮助后,要说"谢谢"。

再如,"按时独立完成作业"这种规定。小学生在入学以前,可能因为贪玩,没有养成独立完成作业的习惯,甚至养成了拖拉作业的习惯。对此,教师就要制定严格的班规,明确告诉学生独立按时完成作业是良好的学习习惯,并且要求他们必须做到。

2. 采用民主集中制

执行班规的过程,就是培养学生良好的综合习惯的过程。但是,如果教师制定的班规不能为学生所接受,即便出发点再好,也是无济于事的,等于一纸空文。

因此,教师可以适当地把权力下放,采用民主的做法,通过全班民主讨论制定班规。小学生虽然小,但是也有着最基本的是非观念,知道什么是大家喜欢的,什么是大家讨厌的。

为此,结合自身或者周围同学身上存在的不良行为习惯,通过自己的思考判断,在集思广益之后,学生是有可能想出与教师观点不同,但同样有利于自身综合习惯培养的班规的。

3. 教师引导学生制定

有时候,学生的意见是不成熟的,或者对班规在培养良好习惯方面的价值认识不够。因此,提出的班规在自我控制、可行性方面,都会有所欠缺。对此,教师可以在学生提出意见的基础上,结合自身的经验,进行筛选、完善,从而制定出适合的班规来;或者教师可以给学生提出一个大概方向、范围,让学生在这个方向与范围内,寻找自身的不良习惯,然后制定出具有针对性的班规。

班规是班级的"根本大法",是学生一切行动的指南。良好的综合习惯对学生的健康成长起着举足轻重的作用,更是学生能够成功的不可或缺的好品质之一。因此,要想利用班规使学生变得优秀,打造优秀的班级,小学教师就应该把培养学生的综合习惯作为制定班规的基本原则之一。

初中班规的确立原则

英国前首相温斯顿·伦纳德·斯宾塞·丘吉尔（Winston Leonard Spencer Churchill）在他晚年回忆自己一生的经历时，曾这样说道："民主或许不是绝对的好东西，但它却是我们迄今为止所能找到的最好的一种制度。"可见，民主对于任何一个集体都是非常重要的。

学生进入初中阶段，很容易产生逆反心理。因此，让学生共同参与班规制定，这种可操作的民主可以有效地减少学生的逆反心理，使班规的实施变得更加畅通无阻。

山东省济南市第二十七中学特级教师褚爱华老师，在长期的执教中积累了丰富的经验。她曾担任十多年初中班主任，对于班规的制定，褚老师自有她独特的"法宝"，那就是让学生共同参与进来，使班规不仅仅是一种制度，更是大家共同的行为观念。

学生进入初中后，随着青春期的到来，好奇心理和叛逆心理增强，希望自己受到大人一样的待遇。于是，违反纪律的现象也时有发生，有些同学甚至将不遵守班规看成是证明自己实力、张扬个性的一种手段。

最近，褚老师班里又突然地刮起了一股"足球风"，不仅男生言必"国脚"，歌必"球迷"，就连女同学也一个个都成了"孙雯第二"，一下课就抱着足球往操场上跑。各科老师都为此感到担心，如果这种势头越来越强的话，教学一定会受到影响。

而在这股"足球风"中，体育委员小刚就是其中最活跃的一个。虽然身为班干部，但是每次下课后抱着足球第一个冲出教室的就是他。他甚至还带领一些同学在课间十分钟里都要组织一场小比赛，经常影响下一堂课的教学工作。

为此，褚老师特地制定了一条班规：正常上课前后不准去踢足球。虽然颁布了新的班规，但效果却并不明显。上班主任的课时，迟到现象有了些许好转，但一到其他任课老师的课，因踢足球而迟到的同学屡见不鲜。

于是，褚老师就将班规直接改成了：学生在校期间不准踢足球。虽然大部分学生遵守了班规，表面上看效果非常好。但是，个别学生的逆反心理反而更严重，经常故意和老师作对，小刚就是带头的一个。

难道用班规就真的没有办法约束他们了吗？答案当然是否定的。重点不在于班规的内容，而在于班规制定的过程和原则。

通过观察，褚老师发现学生非常喜欢自发地组织一些课外活动，特别是体育委员小刚，他对足球队的要求极其严格，但足球队员却都能毫无异议地服从。对于这些足球队员自己确立的活动规则，所有人都能严格遵守。于是，一个绝好的主意在褚老师的心中生成了。到底褚老师想到了什么呢？那就是让学生自己来制定班规。

褚老师给学生开了一个主题班会，名字就叫做"我的班规我做主"，学生可以尽情地发表自己的意见，参与建立班规。

讨论会开始了，褚老师微笑着说道："同学们，今天我们来开一次特殊的会议。大家都知道，最近我们班的纪律不好，时有违反班规的现象发生。特别是很多任课老师反映，说我们班很多同学都因为踢足球而影响上课。所以，今天褚老师就想听听大家的意见，你们到底是愿意老师来制定班规呢，还是大家一起参与制定班规？"

学生异口同声地说道："大家一起。"

"那好吧，既然这样，现在就请大家自由发表一下意见吧。首先，是关于禁止踢球时间的新班规的讨论。"

沉默。学生谁也不敢当第一个"吃螃蟹"的人，生怕没有吃到螃蟹反而被"螃蟹"夹到。

面对这一情形，褚老师说道："既然大家对我们的新班规没有什么异议，那么就这么决定了，以后大家就不能在学校踢足球了，以免影响学习。"

此言一出，教室里立刻一片嚷嚷。小刚终于忍不住，第一个带头说道："褚老师，不能这样。"

"哦？为什么？"褚老师疑惑地问道。

小刚急忙说道："褚老师，您是怕我们踢足球影响学习所以才用班规来约束我们的，但如果我们尽量不影响学习，您能否取消这条班规呢？"

"可是，事实已经证明，你们已经严重地影响了学习。老师之前已经给了你们踢球的时间，就是因为太相信你们的自控能力，可结果证明恰恰相反。所以老师认为这条班规不应该取消。"褚老师坚决地说，并仔细观察着学生的表情。

"老师，能不能再给我们一次机会？我们一定改。"这时，很多学生央求道。

褚老师笑着说："难道你们有什么意见吗？可以大胆说出来，大家一起分析一下，如果可行就按大家的想法确立新的班规。如果不行，就按原来的执行。"

学生在下面商量开了，反复发表自己的意见。不一会就由小刚带头说道："褚老师，我们已经商量过了。以后在学校里只在放学后和每周的课外活动时间踢足球。我们保证绝不耽误学习的时间。"

褚老师问道："你们要怎样让我信任你们呢？"

小刚急切地说道："老师，您看这样行吗？我们每天在出去踢足球之前就一定把所有的作业写完，然后再出去玩。否则就罚一个星期都不准出去踢足球。"

听了学生的意见，褚老师感到很开心，似乎希望也就要来临了。于是又补充说道："但是如果有人继续违反纪律怎么办？"

有的学生说道："那就一个星期都不让他踢足球，也不允许他参加足球比赛。"

有的学生说道："可以罚他写作业，或者罚他去学校操场跑步……"

学生你一言我一语，教室里的气氛非常活跃。

在这次主题班会上，褚老师广泛征集大家的意见，不仅讨论处理了关于踢足球的事情，更在全体学生的共同参与下，将内容扩大到了其他领域，对其他班规也作了相应的修改和补充。例如，"绝对不能抄别人的作业，当自己不会时，可以向老师、同学、父母请教"，以及"绝对不能让别人代写作业"，等等。

为了表示自己的决心，学生自发地写下了自己将严格执行班规的保证书。就这样，新的班规确立了。当褚老师宣布新班规成立并宣读学生自己定制的班规内容时，教室里响起了热烈的掌声，每个人的脸上都绽放出灿烂的笑容。

但是，这种学生共同参与确立的班规却遭到了一些老师的怀疑，有些老师纷纷表示："褚老师，对学生不能太迁就，特别是初中的学生们太调皮、太叛逆。这样做会损坏自己的威严，学生们又怎么会听你的？在班上，班主任制订的班规就是学生必须遵守的，哪能让他们说改就改。"

面对这样的疑问，褚老师只是微笑着向大家解释自己的想法，并对自己的学生表现出了足够的信任。终于，事实证明褚老师没有做错。任课老师纷纷反映学生变得更加自律了，上课时都会严格遵守班规纪律，即使有个别学生因为一时管不住自己而违反了班规，其他学生就会很快地提醒他。学生踢足球也更加有组织、有纪律了，再也没有出现因为踢球而上课迟到、影响学习的现象。而且当学生违反班规时，面对处罚也是自愿接受，不像以前那样总与老师强词夺理，讨价还价了。面对进步，学生骄傲地说："因为这是我们自己订立的班规，所以要遵守。"就此，学生有了高涨的学习热情，学习成绩也得到了很大提高。原本让人感到头疼的初中生，如今也变成了老师的"贴心小棉袄"。

班级是学校的基层单位，是对学生进行教育教学的主阵地。初中学生可塑性强，再加上他们的志趣爱好、性格脾气、学习成绩、家庭背景、发展目标等各方面差异都很大，在这样的群体中，各种矛盾关系复杂。如果没有一个良好的制度来约束，那么这个群体就会如同一盘散沙。

为此，就必须确立一种行之有效的班规。但也正由于这种复杂的关系，在制订班规时就需要公平、公正，需要师生共同参与，来构建一个民主性的约束机制。这对各方面都还在发展的初中学生而言尤为重要。

要想管理好一个国家，就要有健全的制度。而班级作为一个小型的团体，班规自然起着举足轻重的作用。它就是一个班级的"法律"，它的确立起码要得到学生的信服，这样能更好地起到约束和教育学生的作用。

过去千百年来，一直都把师生关系视同为"父子"关系，在各种班规与各种制度的确立上，"管教"的意味就相对浓些。面对初中学生的心理特点，这种传统的教育理念就出现了一定的弊端，那就是只能激起他们的逆反心理。

在本案例中,褚老师就遇到了类似的问题:学生迷恋踢足球,却不能做到自觉约束自己的行为而严重影响了学习,于是褚老师便利用班规禁止学生在学校踢足球。这种硬性的规定虽然在一定程度上制约了学生的行为,但是并没有使他们从心底接受这个原本是为他们好的新班规。个别叛逆性比较强的学生开始与班规对抗,甚至故意违反班规来发泄自己心中的不满。

面对这种矛盾,这时如果强制性地将学生"镇压",只会增加他们的不满。因此,如何从根本上解决这个矛盾就成为摆在褚老师面前最严峻的问题了。

通过观察,褚老师发现学生对于自己制订的活动规则特别的信服,即使要求很严格也都会自觉遵守,而且很少会引起他们的反感。这一现象真实地反映出初中生的心理特点。

褚老师从中受到了启发,本着"师生共同参与,构建民主性约束机制"的原则,重新对班规进行讨论。当遇到问题时,褚老师也没有独断地让学生听从自己的解决方案,而是又将问题抛给了学生,让他们自己寻求解决的办法。

就这样,学生不仅在参与的过程中体会到了老师对自己的尊重,更在解决问题的过程中体会到了班规的重要性,同时,也对班规有了更深刻的理解。学生对于班规的概念也从"老师对自己的镇压"转变成了"我们自己定的规矩"。这样确立班规,学生能更好地约束自己,信服班规。

学生进入初中后,身心发展也进入了青春期,他们面临着人格再造的"第二次诞生"。复杂多变的内心世界,使他们产生了诸多不同于以往的显著特点。例如,出现情绪波动大,难于控制自己,常发脾气;希望自我表现,认为自己长大了,想要自己拿主意等。

这些现象都属于典型的青春期表现。这时的学生逆反心理强,对那些约束自己言行的制度尤为敏感。对于班规,更多的学生会认为那是捆绑自己手脚的"枷锁",而不是帮助自己飞向成功的"翅膀"。学生违反班规的问题也就一直困扰着广大教师:不管他们,任其自然吧,学生可能会误入歧途;约束的力度小了,学生根本不重视,班规的作用也无从体现;约束的力度大了,又会加重学生的心理负担。

针对这一现状，教师就应该让学生平等地参与班规的制订，让学生了解、参与班规的制定，能使班规深入学生的心灵。这样做既符合初中学生的心理特点，又使他们对班规更容易接受，也更乐于接受，从而使班规中的规则内化为学生的一种行为习惯。

由此可见，在这种民主形势下确立的班规，对于学生的可操作性会大大增强，而且更有人情味。最重要的是，从心理接受角度来讲，班规是学生自己确立的，那么学生在执行起来，热情就会更高。反之，若教师私订班规，学生则难以接受，班规就只能是一纸空文，没有多少实际效果。

所以，班规的确立就必须让学生从内心接受。班规作为治班之本，它不仅要成为约束学生行为的准则，更要成为他们发展的内驱力，促使他们养成良好的行为习惯，形成健全的人格。

然而，班规不是空话，不是套话。坚持"师生共同参与，构建民主性约束机制"的初中班规确立原则，有助于制订出合理、行之有效而又受学生喜欢的班规，使学生在学习中获得更加全面的发展。

为初中生确立班规的最好方法就是本着"师生共同参与，构建民主性约束机制"的原则，让班规成为学生自己给自己制定的准则。那么，具体应该怎样进行呢？教师可以参照以下几点。

1. 让学生充分参与班规的制订

班有班规，这是班主任工作顺利进行的基本保障。而由谁来制订班规，这就取决于教师的教育理念与管理方式。

学生参与是民主确立班规的基础，如果没有学生的参与，那么也就没有民主性可言了。因此，在制订班规时，教师首先就要让全体学生都真正地参与进来，使各自的真正想法透明化。

学生参与的方式可以分为以下几种。

（1）讨论法

就是采用教师组织学生进行讨论，或者由学生自发进行讨论等方法彳正集班规内容。讨论时可以不确立主题，大家可以自由发挥，然后在共同讨论中确立班规。

（2）提议法

教师可以提出一个假设方案，或者由某个学生提出一个假设方案，然后大家进行分析对比，求同存异。但是教师也要注意，由于初中学生的自我约束能力还不够健全，因此教师要在适当的时候给予恰当引导，集思广益，最后再定稿。

2. 民主行使班规

班规主要是用来规范学生的行为，有奖必有罚，但是这个实施的过程也要讲究民主。班规是师生共同参与制订的。因此，在班规的实施过程中也应该充分体现这一特点。班规不仅仅只针对教室里的学生，同样，教师作为班级成员中必不可少的一部分，也要融入班规中，这是体现教师与学生人格平等的一个重要方面。

虽然学校也制订了教师教学日常行为规范，但更多是从学校管理层面来考虑。如果从班级教学的角度来看，学生有权知道也很想知道，"这堂课老师为什么没来？""预备铃后我们都按要求进了教室，为什么不见老师的身影？""我们都按时交了作业，可老师什么时候才批改好发给我们？"等诸如此类的问题。

这些问题，如果能在班规中找到相应的答案，那么就会更加显示出教育教学是教师与学生平等对话的交互活动，而学生对班规的执行也就更加服从。所以，师生在确立班规的时候，教师也应提议，当教师违反班规的时应接受怎样的处罚。

3. 运用尊重学生的语言

一些学校的班规从构想开始，就把学生推向了教师的对立面。这种语言形式主要表现在三个方面：禁令式的权威、模糊的不确定性、精神的恐吓。

禁令式的权威语言常表现为粗暴的命令，其实质是对学生能力潜意识上的怀疑和否定。如"不迟到、不早退、不旷课、上课不做小动作""不抄袭、不拖欠、不缺交，作业认真不潦草"……言下之意，学生将会迟到，将会缺交作业。这类"十不准"的禁令式语言不仅从能力上对学生进行了怀疑，更主要的是对学生的心理产生一种压抑性权威。这种压抑性权威一旦形成，将"使人感到自己的卑微和渺小，使人产生孤独感、无意义感和无能力感，在压抑性权威的压迫下学生感到彷徨、焦虑"。

因此，在制订班规时，要采用正面引导性语言，这既是对学生的尊重，也是班规亲和力的魅力所在。这样，不仅可以提高学生共同参与制定班规的积极性，更能凸显学生的自我管理意识。

所以，"师生共同参与，构建民主性约束机制"不仅是初中班规的确立原则，更体现了学生在教育过程中的主体地位。在这样的班规的治理下，班级的学习氛围自然会变得更加和谐，班级也能成为民主的好班级。

高中班规的确立原则

高中生的心理特点主要有两方面：一方面成人感和独立自主的需求急剧增长；而另一方面心理发展水平仍尚未成熟。常见的表现是一方面努力要把自己转变为独立自治的人，即自己管自己的事情，自己作出决定，按照自己的想法行动，而不再依赖父母或他人。而另一方面他们仍未脱掉孩子气，做事莽莽撞撞，看问题容易偏激、走极端，做的总没有想的好。

正因为高中生具有的这些特点，教师在制订高中班规的时候，要与小学、初中的班规有所区别。在确立高中班规的时候，更应该倡导学生的自主性，这样能够使教学更加规范，并充分发现和挖掘学生的最大潜能，让学生在自我管理中获得成功，体验快乐。

黄雅芬，湖南师大附中优秀教师，长期从事中学历史教学和教育研究，并取得了突出成绩。黄老师在常规教学中重视对学生的学法指导，教学效果非常好，并能关注学生的全面发展，和学生相处非常融洽；在评教、评学中，学生满意率也非常高。担任05届文二班班主任时，班级连续三年获评"优秀班级"称号，高考二本自然上线率达91%。黄老师曾获长沙市"教学能手"称号，在省级的现场赛课、说课和论文评比中多次获评一等奖。她还多次获得"优秀班主任"称号，所撰写的德育论文连续四年获校特等奖并获省市级一二等奖。现任附高05级08班班主任，所带班级在各方面表现突出，获评市"优秀班集体"称号。

在开学初，围绕怎样制订班规的问题，黄老师曾费了不少脑筋。有的老师曾提出，在高中阶段制订详细的班规，搞加分扣分，既烦琐又意义不大，一句话，高中生不服这一套。针对这种现象，黄老师进行了分析。

首先，班规必须有，它实际上是一个团队目标的体现，以及为了实现这一目标而共同达成的约定，是为了制约某些破坏团队利益的行为，以避免团队目标落空。即所谓"无规矩不成方圆"，一个班集体，一支优秀团队要想良性发展，必须有一定的规章制度来约束。

其次，为什么会出现"不服这一套"的现象呢？从班规的形成看，可能以老师强加的意志为主，缺乏学生的自觉认同；从班规的内容看，往往以惩罚性条例为主，还容易细化每一个有违常规的举动都对应扣多少分。这样一来，学生要不就是分分必争，要不就是嫌束缚太多，干脆置之不理；从班规的导向看，以消极性导向为主，在束缚学生违纪方面可能有一定的作用，但是很难体现积极的引导作用和促进优秀道德情操的弘扬。

鉴于此，在班规正式出台之前，黄老师首先向同学提出了她管理班级的指导思想：班级管理的原则是以人为本；班级管理的思路是自我教育加严格的制度；班级管理的目标是提高综合素质，提高做人的标准，使每个学生终身受益。把原则、思路和目标一分析，学生就感到制定班规并不是单纯为了约束他们，而是为促进他们的全面发展服务的。首先在内心就少了许多排斥心理。

然后，黄老师要求学生针对这些目标，结合《中学生日常行为规范》，归纳出最容易犯而又最应该杜绝的行为，汇总之后在班上展开讨论，最后确定了"十严禁"，并民主通过了相应的惩罚措施。在"十严禁"中，黄老师并没有将具体的惩罚措施一一罗列，因为在整个讨论的过程中，班级管理思想已基本贯彻，学生已经基本上达成了"不该干什么"的共识，若再罗列出来，就会造成无谓的心理压力，容易滋长逆反心理，而模糊惩罚措施也有利于班主任进行随机的教育。

最后，在讨论了"十严禁"之后，黄老师提出了构思已久的"十提倡"，大力地弘扬优良作风，加强班级作风的积极导向。黄老师提出的"十提倡"包括。

1. 学习：提倡积极预习，带着问题进课堂；提倡听课时主动多思，积极举手发言，积极捕捉信息，及时处理信息，恰当作出反应；提倡课后认真复习，"温故而知新"。

2. 作业：提倡独立思考的精神；提倡勤学好问，敢于质疑，勤于探讨。

3. 文明习惯：提倡"内心常自省"，自觉提高自身素质、自身品位。

4. 一日常规：提倡自制、自律，提倡互相监督、互相提醒。

5. 交往：提倡积极、正当、理性的交往；提倡互帮互助互学，杜绝不良的朋友义气；提倡理性自制，不轻易陷入情感旋涡。

6.课余：提倡多读书，读好书，摒弃低级趣味，提高自身品位。

7.自身：提倡"自我发展"的责任感，关注自己的成长轨迹，不断调整"竞技状态"，切忌糊里糊涂混日子。

8.集体：提倡"人人做主人"，关注集体事务，从"身边事做起"，切忌"事不关己，高高挂起"。

9.社会：提倡关注社会，具备社会公德心、同情心、责任心，积极参加各种实践活动、公益活动。

10.品质：提倡"诚信"，诚实诚恳、守时守信。

事实证明，黄老师基于"自主"原则所确立的班规，在促进班集体形成一个优秀的团队、提高学生的积极性、发掘学生潜力方面，起到了非常有效的作用。

一个班集体刚刚组建时，由于是来自不同学校的几十人聚集在一起的，所以还缺乏共同的目标，缺乏沟通和了解，缺乏相互间的关怀和协作等。教师要做的就是把这个班集体锤炼成一支优秀的团队——大家为了一个统一的目标自觉地认同必须担负的责任并愿意为此而共同奉献；能够不断地释放所有潜在的才能；能够让每个人深感被尊重和被重视；鼓励坦诚交流，避免恶性竞争等。在这样的氛围里，每个人的精力（energy）、兴奋（excitement）、热情（enthusiasm）、努力（effort）等"E"元素，能够被更好地激发出来。

如果想把一个班集体培养成一个具有优良班风的团队，那么制订一个合理的班规就势在必行。

作为班集体的领导者，黄老师对建立怎样的班级作风，形成怎样的班级气氛，在确立班规之前就已经有了一个明确的目标。但是她并没有对班规作硬性规定，也没有强制执行。因为她明白，如果班规反映的是教师强加的意志，那么在实际操作过程中将会出现各种不可控的问题，而且学生也会对此有逆反心理。

针对这些问题，黄雅芩老师充分发挥学生的主动性，采取师生讨论的形式，让学生自己给自己确定班规。采取这样的形式制订出来的班规，学生比较认同，执行起来也比较容易。而且，制订班规的过程又是一个很好地使学生进行自我教育，自我反省的过程。这样在自主基础上确立班规，可谓一箭双雕。

引导学生制订科学民主、严明可行的班规并以此管理班级，其意义并非只是约束学生，而是使班级管理更加科学，更加民主。

1. 班级"法治"管理，使班主任由"学生保姆"还原为"心灵的引导者"

班主任应该真正成为"灵魂工程师"而不是"学生保姆"。在"人治"管理的模式下，班主任成天被琐事缠身，很难获得"解放"。所以，对于班主任来说，应该在自己所管理的班集体中推广"法治"管理，把所有班级事务（日常的学习纪律、清洁扫除、课间操纪律、运动会，以及大型文娱活动等）交给学生，教师只进行"宏观调控"，在特殊情况下才亲自出面解决有关问题。

事实证明，学生自我管理的能力是足以让教师放心的。比如，著名教师李镇西平时很少守着学生上自习、搞卫生，甚至平时考试也不监考，在大多数情况下，学生的表现都是非常不错的。李镇西老师外出开会、讲学等社会活动较多，每当外出，班长就成了代理班主任，全权负责班级事务，从未出现过任何大的纪律问题。李镇西老师曾经同时担任两个班的语文教师和班主任（两个班学生共131人），但他靠"法治"管理，两个班情况仍然良好。有一次李镇西老师去长沙出席中国教育学会年会，两个班各方面都井然有序。在此期间学校举行田径运动会，这两个班在班主任不在的情况下分别获得年级第一名和第三名的好成绩。

2. 班级"法治"管理，有利于培养每一位学生的能力

在传统的班级管理模式中，学生干部永远是少数人。班干部工作质量的高低，主要取决于班委的道德素质和工作能力。而班级"法治"管理，让每一位学生都有了大显身手的机会，而且他一旦当上班干部，班规就会迫使他非当好不可。

在班级管理中，可以定期由全班学生无记名投票产生班干部。另外，班规规定，每一届班委任期为一学期，班长任期也不能超过一学年，使尽可能多的学生有机会当学生干部。除班委外，班上还设立了许多班级

事务分工的职位，使每一位学生都不会空闲。这样，便保证了所有学生都能够参与班级管理。

在"法治"管理中，班规赋予班干部的具体责任和权力，绝不仅仅是班主任的助手，他们还必须独立地有创造性地开展工作。每学期全班学生都要对班委投信任票并进行民主评议，对声誉较差者必须调整。学生干部的日常工作也不仅仅是靠其自觉性，而是随时置于全班学生的监督之下，如有"玩忽职守"或"徇私舞弊"的，便会立即受到专门负责监督班委的同学依据班规代表全班对其进行惩罚。在实施这样的班规的情况下，班委干部的工作态度，已不仅仅取决于他们的个人品德，而首先是"制度"使然。

3. 班级"法治"管理，是对学生进行民主精神启蒙的实践教育

作为 21 世纪的一代新人，平等意识、法治观念、独立人格等民主精神是必不可少的。学生的民主精神怎样培养？这就必须在民主的环境中培养民主精神，必须在民主的机制中培养民主精神，必须在民主的实践中培养民主精神。

当然，这里所说的"环境""机制"和"实践"，仅仅是指教育者所能提供的班级民主管理。切实有效地实施班规可以使平等意识深入人心。班委干部绝没有高人一等的"官念"，相反，由于他们是同学投票选举而不是班主任"委任"的，他们深知自己的权力是同学赋予的，也只能用于为同学服务。而且定期投信任票，也使他们实实在在地感到自己的一言一行无不接受同学的监督，自己的"位置"是否"稳当"也完全由同学决定，因而唯有真诚勤恳地当好同学的"公仆"，才能受到同学的拥戴。

高中阶段，学生的自我意识日趋成熟，对强加在自己身上的班规并不会一味地被动执行，这点与小学生和初中生有很大的不同。如果一个班规得不到他们的认同，那么在这种情况下制订出来的班规将很难有效地执行下去。

所以高中班规的确立，无论是从班规确立的内容还是从班规确立的形式，都要仔细斟酌。

1. 引导思想：对三个问题的讨论

教师在制订班规之前，应该首先提出三个问题：第一，学生是否希

望这个班成为一个好的集体；第二，若要成为好集体，是否需要每个人都克服自身的弱点；第三，为了保证同学因为集体的利益而克服自身的弱点，是否需要制订一个班规。

这样做的目的是要让学生对"人总是有弱点的"有清醒认识——无论对自己还是对他人，这个认识至关重要。（其实，迄今为止，所有体现人类文明与进步的法律无不建立在对"人性的弱点"的理性认识之上）因此，教师在这里的着眼点是引导学生集体预测在创建美好班级的过程中可能会出现哪些障碍，进而提出防范措施，而不是让学生检讨，暴露自己不光彩的过去。在引导学生认识代表着希望与成功的另一个"我"的同时，又引导学生正视自己的缺点与弱点，这才是全面科学的引导。

经过讨论，学生对这三个问题都能作出肯定的回答。这也是意料之中的事情，因为即使十分散漫的学生也真诚地希望自己能生活在一个班风良好的集体之中。而全班同学都希望班集体好，这正是制订班规，并积极实施的思想基础。因此，这第一步引导虽然容易，但非常重要，不可忽视。

2. 统一认识：班规与《中学生守则》《中学生日常行为规范》不尽相同

一说到班规，可能会有学生提出疑问，"国家已经制定了《中学生守则》（以下简称《守则》）、《中学生日常行为规范》（以下简称《规范》），学校也有各种规章制度，我们再搞班规是否多余呢？"还有学生可能会说："在小学和初中，我们班也制订过不少'班规'之类的东西，但很少坚持执行，我们现在制订班规会不会也流于形式呢？"

教师可以这样给学生解释："《守则》《规范》当然不错，但毕竟不可能具体包括一个班级的各种情况，而我们即将制订的班规，正是《守则》《规范》中有关纪律要求的具体化。另外，《守则》等条令虽然对中学生提出了合理的规定，但这些条令本身并不带强制性。在执行过程中，人们一般认为这只是提倡，而非强迫，学生违反了《守则》《规范》也无相应的惩罚措施。久而久之，本来合理的规章制度最终便成了一纸空文。因此，我们制订的班规不应仅仅是道德提倡，更应该是行为强制，应具有法律般的约束力，使之真正切实可行。"

实际上，班规的产生过程与《守则》等条令的产生过程也有区别。由于种种主客观原因，《守则》《规范》等往往不可能由每一个学生自下而上地反复讨论制定，而主要是由教育者一手制定（当然也征求了各方面意见，并力图切合学生实际），这样便容易让学生产生逆反心理，总认为各种规定是强加给自己的"条条框框"，执行起来自然很被动勉强。而班规一开始就要让每一个学生参与制订，使学生觉得"这不是老师在约束我们，而是自己对自己的约束"。

3. 班规内容要具有可行性、广泛性、互制性

所谓"可行性"，含义有二：一是提的要求、规定应符合实际，便于监督检查，不能提一些虽然合理但难以做到的要求；二是不仅仅提出纪律要求，还应同时有相应的强制措施，明确"违反了又怎么办"，否则，班级法规很可能又成为一纸空文，无所谓"可行性"。

所谓"广泛性"，是说班规应尽可能地包容班级一切可能出现的违纪情况。以后凡是班内出现了违纪现象，教师同学都可以从中找到相应的惩罚措施，做到有"法"可依。

这里，又涉及一个极易引起误解的问题：教育中的惩罚。在学校，任何形式的体罚都必须杜绝，因为离开了对学生的爱与尊重，就谈不上任何教育。同时，科学而成功的教育又不能没有惩罚。但是，教育惩罚不是体罚。教育惩罚，是对不良行为的一种强制性纠正，这既可以体现在精神上，也可以体现在行为上。前者如扣操行分或纪律处分（警告、记过等），后者是某些过失补偿性行为（比如做卫生不认真而罚其重做等）。这些惩罚与尊重学生并不矛盾，正如著名教育家安东·谢苗诺维奇·马卡连柯所说，确定整个惩罚制度的基本原则，就是要尽可能多地尊重一个人，也要尽可能多地要求他。

所谓"互制性"，就是"法规"既应体现出学生之间的互相制约，更应体现出师生之间的互相制约，特别是学生对班主任的合理制约。也就是说，班规不仅仅是对学生的管理，同时对班主任也具有责任监督、权力限制的作用，而且应把这个监督权、限制权交给学生。

4. 起草班规：让每一个人都成为"立法者"

教师要积极引导学生明白一个道理：这个班不只是教师的，还是每一个同学的，要求这个班好也是每一个人的希望，制订班规同样是每一

个人的意愿，那么，这个班规理所应当由班上每一个人起草。这样就可以使学生一开始就意识到：班规是自己制订的，而不是教师强加给我们的。更重要的是，学生自己草拟班规，使他们一开始就不知不觉地进入了自我教育、自我管理的角色。

当学生每人都交上一份班规草案后，教师进行归纳、整理、加工，形成初稿，然后交给全班同学反复讨论、修改。

整个班规包括学习纪律、寝室纪律、清洁卫生、体育锻炼、值日生、班干部、其他等若干部分，每一部分中设置若干具体细则，要基本上做到覆盖班级管理的各个环节、方方面面。班规的每一条都写明执行者，并对执"法"不严者也有明确的惩罚规定。

5.执行班规：班规面前人人平等

经过反复讨论、修改，最后由全班同学以无记名投票方式通过班规。班规一旦正式生效，便成了班级"法律"。在它面前，班上任何人（包括班主任）既是守"法"者，又是执"法"者。无论是老师，学生干部，还是其他学生，在平时的班级管理中，要全力保证班规的严格执行。班规面前，人人平等，没有特权。对班主任来说，维护班规的权威，便是维护自己的权威；对学生来说，维护班规的尊严，便是维护自己的尊严。而教师的权威和学生的尊严都已通过班规转化为集体的意志。

把班规落实到位

没有规矩，何以成方圆？但是有了规矩却不执行，方圆同样难以成形。要想让班级在班规的约束、引导下成为优秀的班级，班主任必须在制订行之有效的班规之后，加大执行力度，力争把班规细则落实到位。但在执行时，又不能一味地拘泥于班规细则条文，更不能让班规成为束缚班级发展的桎梏。所以，要想把班规落实到位，班主任就极有必要在坚持原则执行班规的同时，灵活掌握执行班规的限度。

湖北省襄樊市第四中学郭士念老师认为，班规是教师经营班级与辅导管教学生的重要依凭。因此，在日常教学中，他非常注意用班规管理班级事务，约束学生不恰当的言行。

郭老师的班规中有这样一条，"早晨迟到者，在当天下午第四节课最后十分钟去运动场上跑步，男生6圈，女生4圈。此外，想借跑步锻炼身体的学生，也可以参加。"

现在，对于跑步锻炼身体的重要意义，学校领导、教师甚至学生对其认识也日趋一致。为此校长还反复倡导，"每天锻炼一小时，健康工作每一天，幸福生活一辈子"。就这样，参加运动的教师越来越多。

一方面为了锻炼学生的身体，另一方面为了惩罚那些迟到的学生，郭老师就制订了这条班规。

刚开始，出于新鲜，早晨迟到的学生都很高兴地接受了这个惩罚。但是随着考试的临近，学习越来越紧张，很多学生不仅没有时间去锻炼，反而对这项班规出现了"怨恨"，渐渐地不再认真执行了。

而因为刚开始大家的执行情况不错，所以，出于对学生的信任，郭老师就不再天天监督学生，而只是偶尔随机检查了。

那天早晨有6个学生迟到了，虽然时间都在5分钟以内，但是毕竟迟到了。按照班规，他们必须去运动场上跑步。

非常偶然地，郭老师从食堂经过运动场时，遇到班上迟到了却没跑够圈数就赶着在6点前去食堂排队、"抢饭"的学生。

这样，本来是对迟到学生的惩罚性措施，结果却摇身一变，成了"奖励"，让他们有机会提前去吃饭。

于是，郭老师就把这些想提前去吃饭的学生给堵住了："你们怎么这么快就跑完了啊？"

学生不说话。

"哦。那就是没跑完了！大家应该清楚，我们共同制订这个班规，就是让大家不要迟到，如果迟到了呢，就趁机锻炼身体。可是，你们既迟到又不想锻炼身体，这可怎么行啊！"

有个男生说："老师，我现在很饿了，都跑不动了。如果跑完了，可能我就饿晕了。"

"真的那样？好吧！如果真那样，你先去吃饭，半小时后回来，加罚3圈。其余没跑够的，继续补完。"

一听要加跑，那个男生老实了："我还是跑完再去吃吧。"

为此，郭老师在运动场的出口等了17分钟，直到那些学生都跑够圈数，自己才回去吃饭。此后，为了让学生更好地执行这个班规，郭老师抽查的频率更高了。时间一长，学生迟到的越来越少，即便迟到了，也都自觉认真地跑步了。

俄国教育家乌申斯基说，教育是一种有目的的自觉培养和谐发展的人的过程。由此可见，教育不是一种结果，而是一个过程，是一个让学生产生良好行为结果的过程。

因此，在利用班规实施班级管理时，班主任不仅要坚持原则，坚定地执行班规，力求取得一个好的结果，还应该关注学生的主体地位，灵活性地执行班规，让学生在执行班规的过程中，有所领悟，有所成长。

这样有助于使班规真正落到实处；这样能够使制订班规的意义得以彰显，使学生切实感受到班规给自己带来的好处，从而真正自觉地用班规约束自己的行为，纠正自己的不良习惯，并最终成为一个优秀的学生。而当班里这样的学生越来越多时，这个班无疑就是个优秀的班集体了。

在坚持原则又灵活性地执行班规这方面，郭士念老师作出了榜样。

迟到罚跑步，不仅能帮助学生锻炼身体，还可以惩罚迟到的学生。换句话说，如果不想去跑步，就早点到校，不要迟到；如果"不小心"

迟到了，就去跑步锻炼身体。总之，两方面对学生都是有利的。

可是，对于这样一个完全为学生着想的班规，学生却仍然没能贯彻执行。

在知道这一点后，郭老师就采取了强硬态度——无论如何必须执行。于是，在有人提出"饿了，跑不动了"的情况下，郭老师委婉而灵活地提出了解决方案——吃完饭再跑。这样，就震慑了学生，使他们自动打消了蒙混过关的念头，不得不严格执行班规。

与此同时，郭老师还重申了一下这条班规的精神——是为了学生着想。事情发展到这个地步，学生也就没有不认真执行班规的借口了。

坚持严格执行班规，这是原则，但是根据实际情况，适时调整灵活运用班规，则是既坚持原则又使班规具有灵活性的表现。因为，确定班规时，教师不可能预见未来所有的变化。因此，当情况有变时，教师就必须灵活运用班规，或者在旧班规的基础上，进一步细化。

虽然"国有国法，家有家规"，但是在班级这样一个小"国家"里，仅有具体可依的"班法"——班规还是不行的，还需要在执行过程中，既坚持原则，又有灵活具体的执行力度。

这样，班规能真正行之有效，学生能更好地运用班规来约束、规范自己的思想和行为，严格要求自己，进而做一名合格的学生。

班级是学校教育教学工作的基本单位，是对学生进行思想道德素质教育的高地、提升学生整体素质的主阵地。班级整体素质的优劣，影响和决定着整个学校的学风，影响着学生的思想道德建设，影响着学校的发展壮大。

因此，作为班主任，在制订了让学生可以依从的"法律"——班规之后，还要想办法在教育教学中贯彻落实。

那么，在贯彻落实班规的过程中，班主任需要注意些什么呢？

1. 做好引导

班规制订后，学生不可能一下子适应得了，也不可能一下子就执行得很好。为此，班主任需要加以引导，如有意识地让学生熟悉班规，让学生了解班规精神与班规细则；根据学生的具体执行情况，及时总结，适时引导，促使学生逐步养成良好的习惯；开展主题班会，引导学生弘扬班规精神，激发学生依班规行事的热情，让学生在不经意中提高自我控制能力等。

2.执行须严

所谓"执行须严",是指严格要求学生执行班规,而不是在处罚违反班规的学生时采用过于严厉的措施与方式,让学生产生害怕教师而不是遵守班规的心理。

因此,执行班规须严格,包含三层含义:一是在执行校纪班规时,要讲究原则的坚定性,对错误绝不姑息、纵容;二是给学生提出严格要求,要从点滴做起。比如,尊敬师长从每一声问候做起,团结同学从不计较点滴恩怨做起,讲究文明从不说一句脏话做起,维护公德从不乱扔果皮或纸屑做起;三是对待违反班规的学生要严格执行惩罚性措施,但绝不能体罚和变相体罚学生,否则,有可能伤害学生的心灵,使他们抵触班规和教师。

3.细致落实

毛泽东同志说,要过细地做工作,要过细,粗枝大叶不行,粗枝大叶往往搞错。执行班规也要细,这里的"细",就是指班规的执行工作要细致入微。

班主任要从细微之处着眼,洞察学生心灵的细微变化。尤其是对违反班规的学生做思想工作时,要做到"随风潜入夜,润物细无声"。同时,班主任还应树立"班级管理无小事"的思想,善于防微杜渐、防患于未然,即便学生的行为略有违反班规,也应该加以注意,提醒学生认识错误,尽快改正,以免意想不到的事情发生。

4.把握尺度

凡事都要把握好一个"度"。因为适度将事半功倍;过度与不及,都将事倍功半,落实班规也一样。当学生违反班规,班主任进行教育时,要注意严中有爱,宽中有教,宽严适度,应该以极大的耐心与宽容,利用班规精神教育每一个学生,而不能为了执行班规而做出与班规精神相违背的事情,比如体罚学生、说一些伤害学生自尊的话。

5.勤于监督

作为一个班级的负责人和督导员,在落实班规的过程中,班主任需要经常性地深入班级之中,与学生多接触、多交流。这样能得到关于班规落实情况的第一手资料,准确把握学生思想动态,及时发现和解决班规落实中存在的问题或者确认班规的现实可行性,以便及时作出调整。

6. 突出"爱护"

维萨里昂·格里戈里耶维奇·别林斯基（Vissarion Grigoryevich Belinsky）说，爱是教育的工具和媒介。一切成功的教育，都出于对学生的爱。班规的落实同样不能没有爱，同样不能忘记把"爱"的种子撒向每个学生的心田，为学生的终身发展负责。

因此，在落实班规时，班主任要像慈母呵护爱子一样，既要严格要求，又要和蔼可亲。当学生体会到班主任执行班规，是为了自己好，他就会积极地改正错误，积极地学习自我控制，从而真正成为一个遵纪守规的好学生。

总之，班主任应坚持以上几点，利用班规增强班级的凝聚力，提升学生的整体素质，形成良好的班风，使广大学生成为优秀的人才、合格的建设者。

制订一个好的班规，仅仅是班级向优秀班级迈进的一个良好开端。好班规还需要落实好，班规落实到位，能真正成为管理学生的规范，成为学生行为的准则。那么，在实践中，班主任怎样才能既灵活而又不失原则地把班规落实到位呢？

1. 公布、解读班规

公布、解读班规是班规落实到位的基本前提，需要引起班主任的高度重视。

班规如同国家制定的法律，不明确公示，是没有效力的。为此，班规需要公之于众，并且向学生详细解读班规。

公布班规，教师不能一贴或者让学生人手一张就了事。这样不但不利于学生理解班规，反而还会误导学生，使其产生漠视甚至抵触情绪。所以在制订班规后，班主任一定要向学生公布班规、给学生解读班规。这是落实班规的首要条件。

公布、解读班规的具体方法可以灵活多样。如班主任可以通过办黑板报的形式，让学生在课间熟读班规；也可以制作电子文稿，专门在班会上对班规进行认真详细的解读。

这样，学生不但能领会制订班规的意义，也明白了班规落实的方式、方法，同时，也感受到了班主任对班规的重视以及对落实班规的厚望。

2. 强化班规日常执行

班规是班级的规章制度，任课教师与班主任都是班级中必不可少的成员。因此，班规的规约性不仅指向学生，同样包括生活在班级中的教师，尤其是班级的核心人物——班主任。所以，班规中写入与任课教师、班主任相关的条款也是理所当然的，这也体现了师生在人格上的平等。

班规面前人人平等。一切教师在进入班级后，都应该和学生一样，严格地执行班规。比如，把"上课时间，不许接打电话、发短信"作为班规，那么这项班规的约束范围，就不仅包括在下面听课的学生，还应该指向在讲台上讲课的教师。这是执行班规细则的原则性问题。然而，凡事都有特殊情况，具体问题具体分析。比如，上课期间某学生突然晕倒了，需要及时拨打"120"急救电话，此时，就不能拘泥于班规，而应该灵活地打破班规，及时拨打急救电话。

3. 惩罚性条款的执行既要有力度，又要具有灵活性

在制订班规，"有法可依"之后，需要的就是"执法必严"，尤其是执行班规中的惩罚性条款时，更要严格，以彰显班规这一"法律"的严肃性与不可侵犯性。

违反班规要接受相应的惩罚，这是执行班规的原则性问题。但是，违反班规的原因不同，情节与后果轻重也不同。因此，在具体执行惩罚性班规条文时，就需要灵活运用了。

比如，某班规订了"早读迟到者，课间去操场跑三圈"。某学生因上学路上做好事而迟到了一会儿，像这种情况，班主任就可以灵活地选择不予执行惩罚。

4. 适当灵活地调整班规

班规是班级的"法律"，一般情况下不能随意变化。但是，学生在成长过程中思想认识也会不断发生变化。因此，为了适应班级的发展，在必要时班规需要适当改变。通常，在学期之初，班主任应该和学生讨论一下班规，依据新的实际情况，进行局部增减，或者加以解释。

灵活、适时地调整班规，就能使班规在管理班级事务、规范学生思想行为方面发挥更大的作用，并且使班级以最陕的速度向优秀班集体行列迈进。

执行班规，不仅要坚持原则，还应该具体情况具体对待，灵活地执行，从而使班规真正得以贯彻落实，使学生能够真正受益于班规。这样，班级能在班规的约束、管理下，成为好班级。

班规应重视培养学生集体荣誉感

一个奋发向上、团结友爱的班集体，能充分地激发每个学生内心的集体荣誉感。一些平时表现一般甚至比较落后的学生，生活在这样的集体里，也会很快地发生变化，有的甚至跨人先进分子的行列，这就是集体荣誉感所表现出来的感召力。因此，一个良好的班集体应该有一个集体的奋斗目标，那么这个增强班级凝聚力的奋斗目标是什么呢？那就是班规。

作为班级组织者，班主任应结合本班的实际，结合《学生守则》和《学生日常行为规范》制订班规。在实现班规总体目标的过程中，要充分发挥集体每个成员的积极性，互帮互助，使实现目标的过程成为教育与自我教育的过程。每一集体目标的实现，都是全体成员共同努力的结果，要让学生分享集体的欢乐和幸福，同时，也使学生认识到自己的行为对班级发展的影响，从而增强集体荣誉感和责任感。

杨继红是北大附中深圳南山分校的优秀教师。杨老师非常重视班规对学生集体荣誉感的培养，例如在班规中规定"对集体要有责任心，有较强的荣誉感"，并将这些班规内容付诸于实践，随时注意培养学生的集体荣誉感。

为了提高班里后进生的学习成绩，让后进生找回信心，并增强优秀生的集体荣誉意识，杨老师在班里成立了"一帮一"互助学习小组，让成绩好的学生和考试不及格的学生结成对子，让他们在学习、生活、心理上互相帮助、互相理解，取得了很好的效果。

小红学习成绩在班里一直处于下游水平，学习积极性不高，作业经常拖拖拉拉，不能按时完成，上个学期期末考试有好几门都不及格。杨老师分析她学习上最大的问题是：不能进入学习状态，于是杨老师让小红与一向沉稳的学习委员小阳结成了"一帮一"的互助学习小组。

开始两人总是有些不合拍，小阳向杨老师诉苦说："小红太难教了，注意力常常不集中，讲了半天，她一点反应都没有。"杨老师告诉小阳："正因为小红思想爱开小差,才由你这个学习状态好的学习委员来帮助她改变这个不好的习惯,帮助她学会主动学习,积极学习。你作为学习委员,老师希望你能够像咱们班规中规定的一样热爱班集体,帮老师把咱们班每个学生的学习成绩都提高上来,老师相信你能做好。"杨老师一番信任的话语,让小阳一展愁容,高兴地保证一定完成这个任务。

但诉苦的并非只是小阳,小红虽然成绩差,但却乐于助人、热爱劳动、集体意识很强,她向杨老师抱怨:"小阳有点自私,劳动时常挑轻活干,同学们都不喜欢她。"杨老师告诉小红:"互助小组不仅仅是帮助学习,还包括生活、心理等各个方面。老师希望你能在思想品德这方面影响到小阳,让她也成为一个爱劳动、爱集体、爱学习,全面发展的学生。互助小组就是让帮扶双方都得到全面发展,使我们班成为一个充满凝聚力的优秀班集体,所以每个学生都要有集体意识,要懂得去帮助别人。"在杨老师的教导下,小红也高兴地表示继续"帮扶"小阳。

后来经过一段时期的互助,小红的成绩越来越好,学习主动性越来越强,而小阳也越来越有集体意识,变得热爱劳动,喜欢帮助人了,和同学的关系也融洽了。更重要的是,两人成了在学习、生活、心理上互相信任、互相理解、互相帮助的好朋友,经常一起积极地参加学习之外的课余活动,帮扶双方都得到了全面发展。

当然,通过"一帮一"学习互助小组受益的学生不只是小红和小阳她们两个,而是全班同学。杨老师将这种互助活动与班规融合起来,使每个学生通过帮助别人完善了自我,增强了他们的集体意识和凝聚力。

现在学生多是独生子女,一般比较任性、以自我为中心。再加上现在社会强调"尊重个性、发展个性",使学生的"自我意识"更强,而集体意识却相对薄弱了,缺乏集体荣誉感,时时处处想的都是自己怎么样,很少考虑他人,考虑集体。案例中的学习委员小阳就是这样一名学生。

小阳学习非常优秀,但根据小红的反映,其性格比较自私,只管自己学习,不愿意帮助他人,从劳动时只挑轻活干就可以看出她是个缺乏集体荣誉感的学生。而小红则与小阳完全相反,虽然成绩不尽如人意,但她爱集体、爱劳动。于是杨老师就将这两个学习和思想上互补的学生组成了"一帮一"学习互助小组。虽然一开始两人都互不满意对方，但经过一段时期的磨合，两人都得到了自我发展和完善：小红学习有了提高，小阳集体意识得到加强，两人还因此成为学习、生活、心理上互相信任、互相理解、互相帮助的好朋友，帮扶对方的责任心也强了。

案例中，杨老师的"一帮一"学习互助计划得到了很好的实施，而且取得了不错的效果。虽然杨老师从始至终没有特别强调班规在其中的作用，但显然她是要通过这种互助活动加强每个学生的集体荣誉意识，而不仅仅只是嘴上强调。在杨老师看来，班规最重要的是能够得到贯彻实施，制订了就要通过各个细节潜移默化地影响学生。互助学习小组就是一种将班规"集体"意念"移植"到学生心中的好方法，学生通过互相学习、互相影响、互相帮助，学会为他人考虑，为集体考虑，从而逐渐增强集体意识。在这里，班规起着一种无形的指导作用。

其实，杨老师不仅用活动实施班规内容，而且随时用班规强化学生的集体荣誉意识。有一次学校大扫除，杨老师布置完各组大扫除的任务后，到办公室放下书，刚准备走回教室，就看见要到市里参加数学竞赛的数学课代表小浩带着二、三个同学在走廊上踢毽子，而这时离数学辅导时间还有半个小时，其他不参加数学辅导的学生都在认真扫除。

杨老师将小浩叫到身边，批评他缺乏集体意识，搞特殊。随即在大扫除之后，针对此事加强全班同学的集体意识教育，她告诉学生："我们是一个班集体。作为班集体的一员，任何时刻都要想着集体的利益，就像班规中规定的，'对集体要有责任心，有较强的荣誉感'。班规不是用来作幌子的，而是让每个人学生都切切实实地去做。大家生活在一个班级中，就要遵守班规，要随时注意自己的形象，将班规中良好的内容展现在他人面前。这样有助于自主、团结、奋进的良好班风得以实现，学生也会为生活在这样一个班集体而感到自豪！"

班规是为了规范学生的思想和行为而制订的。班规中关于"互助互学"或"赶学帮学"等类似的内容，正说明很多教师都比较重视培养学生的集体荣誉感。那么，这种学生互助学习的班规究竟对于学生以及班级管理有什么重要作用呢？先来说一说什么是"学生互助学习。"

学生互助学习是以合作学习原理为指导，教师将班内学生综合学习情况进行分层，引导学生在自愿的前提下按照自己当前的学习状况进行异质结合，让学习成绩、学习能力及行为习惯较好的先进生与学习或品行存在一定障碍的后进生结成互助学习小组。引导小组成员互相监督，互相提醒，互相激励，共同遵守纪律，养成良好的学习习惯，同时在课上或课下互教互学，互相切磋交流学习方法，共同提高学习成绩和道德水平，最终促进班级整体学习水平和学生整体素质的提高。开展学生互助学习，重点发挥品学兼优的学生帮、扶、带的作用，帮助学困生克服学习障碍，提高学习成绩。学生互助学习，能够充分发挥教学相长效应，达到互学互助、共同提高、共同进步的目的，同时，对培养学生的思想凝聚力和集体荣誉感起到积极的作用。

1. 互助学习班规有利于提高和促进班级整体学习水平

子曰："学然后知不足，教然后知困。知不足，然后能自反也；知困，然后能自强也。故曰：教学相长也。"先进生和后进生结成互助合作学习小组，先进生在学习上给予后进生帮助，无论在学习方法、学习习惯、学习成绩方面，无疑都会对后进生产生积极的影响，同时先进生也会从中获益，因为向别人传授知识的过程本身就是一个巩固知识的过程。

如果给全组及每个组员都定出阶段目标（如学期目标、月目标等），使每个学生既要完成自己的目标，又要分担全组责任，那么，学生学习的动力会更加充足，积极性会更高。特别对先进生，为了顺利完成辅导同伴的任务，自己首先必须要把知识学扎实，这对他们自身成绩的提高无疑有着很大的推动作用。然而关键是在制订班规时学习目标责任要具体、明确。

2. 互助学习班规有利于健全学生的人格

学生在互助学习的过程中，可以实现自身人格的良性发展。

首先，先进生在辅导后进生的学习过程中，自尊心和自信心获得了极大的满足，这种心理迁移到学习上，又会对学习产生积极的影响，形成良性循环。这让学生感到帮助别人于人于己都很有好处，因而学生的这种体验是愉悦的、很有价值的，有助于学生形成乐于助人的良好品格。

其次，和教师居高临下的辅导相比，后进生更容易接受同龄人的帮助，来自身边的榜样对他们更能起到激励作用。所以后进生对先进生提供的帮助也会乐于接受，而学习的进步又会减轻他们的自卑感，学习起来会更加主动。

最后，互助合作小组为了一个共同的目标而努力，有助于培养学生现代社会所需要的合作精神和合作能力。

除此以外，互助合作小组还可以满足学生尊重、认同、归属、交往等心理需要，使学生学会合作、关心、奉献。它在增强学生集体荣誉感的同时，不断健全学生的人格。

3.互助学习班规有利于提高学生的思想和知识水平

"有一千个读者，就有一千个哈姆雷特"。每个学生都有自己的经历、情感和知识，当与其他学生互动时，他们就会接受到一些与自己的观点和想法不一样的思想观点，这些随之而来的认知冲突，在许多发展理论中都被认为是学习背后的推动力。比如，一些自私自利只顾自己学习的学生，在与荣誉感比较强的学生互动中，就会受到这些学生思想上的影响，从而加强自己的集体荣誉感和责任心。

另外，互助合作学习还会引发学生积极思维和大胆探究。通过共同学习，学生之间互相取长补短、分享观点、互相帮助、互相激励，可以提高学生各方面的水平，产生 $1+1>2$ 的新合力，增强班级凝聚力。

4.互动学习班规有利于形成良好的班风、学风

班风是指班级所有成员在长期交往中形成的一种共同的心理倾向，班规对班风的形成有着重要的影响。班风一经形成，便成为一种约束力，反过来又影响班级的每个成员。它既塑造了学生的态度和价值观，又影响他们在教室里的学习活动。在学生互助合作学习过程中，同学之间互帮互助，长期坚持，有助于形成团结互助、积极向上的良好班风，增强班集体的凝聚力和团队精神。而这种团结互助、积极向上的良好风气又能对学生的个人成长起到巨大的推动作用。

可见，学生之间互助合作学习具有不可低估的能量，班主任应制订有利于学生团结互助的班规内容，并有效地去实施，这样在培养学生集体荣誉感的同时，也可以帮助教师管理好班级，为创造一个团结向上的

班集体打好基础。

集体荣誉感是指学生自觉意识到作为集体一员的尊严和荣耀，从而更加热爱集体，珍惜集体的荣誉，并能推动学生积极向上的一种情感。集体荣誉感的形成，会促使班级进步、人人向上，为学生今后适应社会的发展奠定基础。因此，制订班规时，教师要重视培养学生的集体荣誉感，使学生在一个良好的班集体中健康成长。那么，如何培养学生的集体荣誉感呢？

1. 用班规树立共同目标

班规是一个班级全体学生共同奋斗的目标，是培养学生集体荣誉感的重要方法。教师应当通过班规使学生认识到个体与集体之间的关系，从而建立具有高度凝聚力的和谐班集体。虽然教师在日常管理中所表现出来的同情心和关切的态度可以在学生心灵中留下难以磨灭的印记，但集体的同情和关切却更有力量，更容易唤起学生的集体荣誉感。因此，教师要通过班规让每个学生都体验到集体在他困难时刻所给予的同情和帮助，在他成功时刻所给予的承认和鼓励，使他由此产生感激之情和满足感。

集体为一个学生做的事愈多，愈是能给予他更多的承认、赞赏，他就会愈加深刻地感觉到自己和同伴的联系，以及对他们或者说是班集体的责任。随着时间的推移，这将慢慢地内化成他们对社会和家庭的责任感。所以在低年级时，班主任要尽快制订班规，确立这个集体共同的精神要求和目标，高度重视培养学生的集体荣誉感。

2. 通过民主方式制订的班规，营造班级良好心理氛围

由于中小学生，尤其是小学生的心理还未成熟，可塑性大，通过班规给他们施加一些适当的外部约束，对于他们的社会化发展、个性成长、道德的提高、学习习惯的形成，以及情绪上的安全感是非常必要的。但是班主任只能把班规作为形成良好心理氛围的手段，不能把它本身看作目的，不必为之刻意追求。若在约束措施上刻意努力，这些措施就有可能变得很难操作，其结果是班主任的期望值越来越高，而学生的执行效果却越来越差。这势必导致班主任极可能采取专制的方式来实现班规约束机制中所确定的目标，从而使班级心理氛围恶化。

因此，班主任在执行班规时，要采取民主的领导方式，注意优化班级心理氛围。但民主的领导方式并不意味着抛弃班规的外部控制和指导，只不过班规措施是师生一起参与制订的，所以师生双方应共同遵守。当学生对共同讨论制订的、有益于班集体良性运转的班规有所违背时，就应当受到批评，严重时还要受到一定的处罚；当学生能够循章守规时，班主任应及时给予奖励、赞扬，以强化他们的良性行为。合理的表扬和批评无疑有助于学生明辨是非、了解道德责任和做人的尊严，最终有利于良好班级心理氛围的形成。

3. 通过班规制订竞争机制，激发每个学生的责任感

班主任应在班规中制订明确的活动方案，促使学生在竞争中得到更大的发展。比如，开展一周一次的"先进小组"评选活动，就会对学生产生明显的促进作用。每周，组长从"作业、纪律、劳动、好事"四个方面对小组成员进行全面考核，评出本组的"红花少年"，请班委会核审，最后根据每组"红花少年"人数的多少评出本周的"先进小组"。

活动中，同学有了"比、学、赶、帮争上游，自强自立创先进"的决心和热情。小组成员之间的联系也更紧密了，小组中先进的学生伸出热情的手，真诚地帮助较差的学生；较差的学生也积极进取，努力学习。这样班级中就逐步形成一种相互尊重、取长补短、和谐一致、共同进步的氛围。总之，在丰富多彩的生活中注入"竞争"这股新鲜血液，可激发学生的热情，使其积极参与班级管理，形成人人争先的喜人局面。

4. 班主任要善于发现不同学生的闪光点

每个班级由于各种原因，免不了会有少数后进生，班主任应该全面正确地看待他们，不能仅看到"短"处而见不到"长"处，从而形成"晕轮效应"（即以偏赅全）。班主任要善于发现他们身上的"闪光点"，如，有的遵守纪律的自觉性不够高，但能见义勇为，助人为乐；有的学习成绩不够理想，但文体方面有一定的特长；有的外表沉默寡言，却能独立思考，对有些问题常有独到的见解；有的虽然一时落后于人，但内心也有争上游、争荣誉的欲望等。这就需要班主任全面了解、善于观察，从"短"中发现"长"处，进而做到扬"长"避"短"，及时利用班规赞扬学生，使每个学生都能通过班规享受到成功的喜悦，使班级的凝聚力更强，让每个

学生都感受到自己是班级的小主人。

一个良好的、健全的班集体离不开学生的集体荣誉感，而班规能最大限度地培养学生的这种情感。因此，作为一线教育工作者的班主任，一定要善于运用班规培养学生的集体荣誉感，从而使班级成为每个学生健康成长、成熟进步的摇篮。

班规应该引入竞争机制

良性的竞争意识，是一股可以使班集体积极向上、团结进取、勤奋学习的"气"。学生正处于青春年少时期，年轻气盛，不服输是他们的天性。针对学生的这一特点，教师就需要在班集制度中引进竞争机制。

班规是引导学生、规范学生的基本准则，是打造优秀班级的重要手段。因此，教师不妨广开渠道，在班规中引入积极的良性竞争机制，让学生懂得竞争的意义与价值，并且通过良性竞争不断地超越自我，不断地把班级推向一个又一个的发展高峰。

山东省威海市实验中学的孙玉洁老师认为，每个学生，即便是表现最差的学生都有表现欲，都有与他人一竞高下的欲望，并且也都有自己胜于他人的优点。

孙老师还认为，学生的竞争意识与责任感、集体荣誉感一样，是需要培养的，并且通过培养，是可以激发出学生无穷的竞争力的。

体育赛事是最直观的竞争。孙老师就是通过学校运动会上学生的表现与心理，进而想到在班规中引入竞争机制，培养学生良性竞争意识的。

有一次学校召开运动会，孙老师要求本班的参赛队员在运动场上尽力拼搏，鼓励观看的学生做最好、最文明的啦啦队，以争取体育成绩及精神文明的"双丰收"。比赛结果是孙老师的班级获得了第四名，同时又获得了精神文明奖。

总结时，孙老师问参加竞赛项目的运动员，在筋疲力尽时，是如何咬牙坚持下来的。他们提到的共同点是不想被别人追上，一定要超过他们。孙老师又问观看的学生为什么要为运动员喊加油，尤其是在看到本班运动员快被别人追上的时候，为什么喊得更起劲。他们的答案是不想看到自己班的同学被别人追上。于是，孙老师就告诉学生这就是竞争意识的体现。

由此，孙老师想到体育比赛是直观的竞争。其实，班级的各项工作，比如学习、纪律、卫生等，都与平行班级存在着竞争，甚至学生之间也存在着竞争，只不过这种竞争没有体育比赛那么直观罢了。于是，孙老师就把竞争机制引入了班规，纳入班级管理中。孙老师评价学生时采用过程评价法，这就为好、中、差各类学生都提供了一个公平公正的竞争舞台。

比如，孙老师推行了一种叫做"评优选先参评资格竞争"的活动，把无形的评比变成量化的有形竞争，把终结性评价变为形成性评价，让学生在过程中通过与对手、自己的弱项竞争，不断成长、完善自己。为此，孙老师在班规中规定设立"评优选先参评资格竞争"榜。榜单分为学习、纪律、劳动、卫生、品德五个版块。教师根据学生在这些方面的表现优劣给予相应的奖励与惩罚。

为了让所有学生都能平等地参与竞争，每个版块又分为若干个细节。比如，学习版块中设立的"星星榜"，用不同颜色的星星表示学生"发言""倾听""书写""合作""创意""进步"等各个方面的表现。学生哪方面表现得好，就得到相应的红星，得到的红星越多，说明得到的肯定与夸奖就越多。获得星星的方式通常由教师口头评定，组长和个人分别做记录。每日总计一次，由值日班长登记在"评优选先参评资格竞争"榜上的学习版块内。

学期末，全体师生再共同对竞争榜上的结果进行统计、总结，并据此进行各类先进的评选。其中，最引人注意的是，如果有学生在德育版块里连一颗红星都没有得过，他就将被取消"三好学生"参评资格，只能参加单项评选。因为这说明他的品德有问题，没有被教师夸奖过一次。

在"星星榜"设立之前，孙老师班上的卫生与其他班级一样，不那么尽如人意。即便值日生每天早、中、晚打扫三次卫生，纸屑、小包装的食品袋还是能随处可见。于是，在值日生值日的基础上，孙老师又在班规中规定了卫生个人负责制，即每位学生的桌子下面、凳子下面及侧面共四块瓷砖是个人卫生区，值日生只在傍晚活动课时打扫一次，其余时间由大家共同保持。

针对学生个人负责的卫生区，卫生委员随时提醒并记录下卫生保持好的和不好的学生名单，傍晚晚点的时候进行总结：好的在卫生版块里加红星；不好的加蓝星并成为次日的值日生。

有了这个班规后，那些喜欢丢垃圾根本没有意识保持卫生、珍惜他人劳动的学生，都逐渐地改变了。比如，班上的女生小灿，小灿喜欢吃零食，并且总是不自觉地把吃光了零食的塑料袋往椅子下面丢。在公布了新的值日班规后的最初一周内，她每天都被加蓝星，并且当第二天的值日生。

看到小灿总是被"惩罚"，孙老师就说："小灿，你看看我们班的小吉也天天吃零食，可是她怎么没被加蓝星，没当值日生啊？"

"她……她吃了零食，没乱丢袋子！"小灿很不好意思地说。

"那你怎么就天天丢呢？难道吃零食比得上她，保持卫生就远不如她吗？再说，女孩子应该是爱干净的，我就不相信你竟然都不如那些男生！"

"谁说的啊？我当然比那些男生爱干净！这个月，我得到的卫生蓝星一定会是最少的，一定再也不被罚做值日了！"

"好！我看着呢！我希望你的红星能超过我们上个月的'卫生小卫士'思俊的！人家可是个非常爱干净的男生！"

从此以后，小灿就开始注意了。每当上学时，她都会随身携带一个大塑料袋，准备装食品袋、削铅笔的笔屑以及废纸等。

第一周，小灿因为疏忽，得了两个蓝星；第二周得了一个；第三周与第四周，她得的都是红星！

现在，因为学生在卫生方面的竞争意识增强，卫生工作已经成为孙老师班级的一个亮点。几乎每位路过的教师都会忍不住地称赞："孙老师的班上真干净，走进去会有种清爽的感觉。"

什么叫"竞争"？它就是始终推动人类不断前进、不断超越的主要动力经过竞争，人可以变得强大。竞争是大自然的普遍现象与普遍规律，物竞天择，适者生存。因为竞争意识的存在，人们不甘屈居人后。通过竞争，人们可以获得更多的生存机会、更好的发展契机，实现一个又一个目标，获得一个又一个成功。

如今，每个人都或者被动或者主动地投入竞争的洪流。因此，要想在竞争中取胜，就必须培养强烈的竞争意识。

具体到学生，竞争意识是培养学生创新能力与实践能力的一种强有力的动力。新课程改革的显著特点是：关注学生的全面、和谐发展，尤其是重视学生的情感、态度和价值观的发展，以及终身学习的愿望和能力的形成，并且培养具有实践能力、创新精神和自信心的学生。《新课程改革纲要》中也指出，教师要注重培养学生的独立性和自主性，引导学生质疑、调查、探究，在实践中学习，促进学生在教师指导下主动地、富有个性地学习。由此，我们也更能感受到要培养新课改所要求的学生，就要注重培养学生的竞争意识，为学生的个性发展，自主、主动学习提供很好的动力。

对此，孙老师也深有同感。因此，在感受到竞争意识对体育成绩的极大影响后，就积极地把竞争机制引入班规，通过在班规中设置竞争性条款，激发学生的上进心。孙老师设立的"星星榜"，给所有学生都提供了表现机会，树立了一个共同的奋斗目标。如果学生在自己擅长的方面获得多颗星星，就会不断地增强自信，使擅长的方面成绩更突出，同时还会带动处于劣势的方面向前发展。

这种过程中的评价，可以随时随地给予学生奋发向上的动力，激发他们潜在的竞争意识。同时，这种过程中的评价，可以让学生看到进步，看到与目标的差距，并且会为了拉近与目标的距离而自觉主动地学习。比如，案例中的卫生星星榜。小灿是个喜欢随意丢垃圾的女生。像她这样吃完零食，就随手丢食品袋的行为，依照孙老师制订的竞争性班规，肯定会天天得蓝星、天天被罚做值日，甚至在期末时，连参加"三好学生"评选的资格都没有。每个学生都想当好学生。所以，孙老师就把小灿与同样喜欢吃零食但却没得蓝星、没被罚做值日的小吉，以及其他男生做比较，激起小灿一拼高下的欲望。

为了战胜其他"对手"，免受惩罚，小灿果然自觉地在卫生方面加强了自我管理，改变了乱丢垃圾的习惯。从表面上看，小灿是为了想与其他同学进行竞争，拉近自己与卫生好的学生的距离，实质上是自我超越的表现。因为班规中有了"星星榜"这样带有竞争意义的规定，孙老师的学生都开始努力起来，为了获得更多的红星而改掉了自身的不良习惯，提升着自身的竞争力。

竞争对象的存在，不管是其他对手还是自身的弱点，都给学生提供了一个比拼的目标，"逼迫"学生为了争当先锋而主动地学习、进步。相信在班规中竞争机制的推动下，孙老师班级中的其他各项指标与他们在卫生方面取得的成绩一样，都是非常可喜的。

学校教育的目的是培养全面发展的一代新人。然而，以前过重的文化课负担导致了学生对竞争的理解仅限于"成绩竞争""学习竞争"，认为只有在文化学习中才存在竞争。殊不知，学校的教育内容是多种多样的，竞争也是无处不在，无时不有的，比如智慧的竞争、能力的竞争，都是学生可以参与的。

21世纪的社会是充满挑战的社会，这对人们的竞争意识提出了更高的要求。因此，现阶段培养学生形成全面、良好的竞争意识具有很强的现实意义。

那么，在教育教学实践中，教师需要怎样利用班规中的竞争机制张扬学生个性、发展学生能力呢？

1. 引导学生敢于竞争

素质教育提倡教育的"全体性"和"全面性"：前者要求教育面向全体学生，教育机会人人平等，反对重视优秀生，忽视后进生；而后者则提倡全面发展学生的生理、心理、文化等综合素质与能力。

所以，教师需要及时地把学生从单一、片面的"成绩竞争""学习竞争"中解脱出来，引导他们正视学习环境中的各种竞争。同时还要创造各种机会，帮助学生树立竞争的信心，使他们敢于充分施展自己的才华，进而敢于迎接学习、生活中的各种挑战。

2. 让学生学会良性竞争

教学中的各种学科竞赛、成绩考核、评优选先，都有一个统一的规则和要求，而这些规则和要求正是公平公正竞争的基本原则。教师通过让学生充分了解和掌握了这些原则，并在具体执行中坚决做到人人平等，能使他们在规则和要求的许可范围内，充分发挥聪明才智，并使他们在今后的各种竞争中养成严格遵守规则和要求的良好习惯。

3. 培养学生的诚实进取精神

竞争对于学生，是一个不可逃避的现实。而竞争手段的优劣也会直接影响学生的个性发展。为了在竞争中取胜就弄虚作假、损人利己，这是不正确、不健康的想法，也不利于学生的长远发展。

因此，在教学中，教师要注意有意识地引导学生进行良性竞争，让他们用自己的实际水平去战胜对手、超越自我，以便在激烈的竞争中学会做人。同时，教师还要告诉学生"胜败乃兵家常事"，告诉有进步的学生、竞争优胜者戒骄戒躁，总结成功经验，以便再次夺冠；告诉竞争失败者不要气馁，要及时探索失败原因，吸取教训，以争取下一次的胜利。

总而言之，对学生进行良好竞争意识的培养，这是现代教育的教学目标之一。通过公平、诚实的良性竞争，学生能不断地超越自我，永远立于不败之地！

陶行知先生说过，人人是创造之人，天天是创造之时，处处是创造之地。每一位学生都有自己的闪光点，都希望表现自己，展现自己独特的人格魅力。因此，教师应该给学生提供一个展示的平台，比如在班规中引入竞争机制。

班规中引进竞争机制，可以大大激发学生的积极主动性与创造性思维，开发他们的潜能，尤其是对后进生起到很大的激励、促进作用。同时，竞争机制的引入还给后进生创造了一个参与竞争、表现自我的机会。

当学生通过竞争找到、找准自己的位置后，他们学习、工作的信心就会更足，劲头更大。这种情况非常有利于提升学生的学习成绩和综合素质，进而打造优秀班级。

那么在具体实践中，教师需要怎样把竞争机制引入班规之中呢？

1. 班干部任命竞争制

如果按照通常的班干部任职制度，大约有四分之三的学生没有机会担任干部，不能借助班级管理提升自身能力。这样就可能出现班干部全部是成绩优秀的学生的局面。这样的结果就是能力强的学生经过班级管理工作的实践之后，能力越来越强，自信心越来越强，而后进生则永远落在后面，被人领导，其能力永远得不到锻炼与提升。可是，很多时候，后进生可能只是成绩不够理想，而其他方面的能力则很强。

因此，在班干部的选举、任命过程中，教师可以有意识地把竞争机制引进来，并在班规细则中作出相关规定。

比如，班干部可以实行竞争上岗制，这样就可以让每位学生既当管理者又当被管理者，让学生都能通过班级管理实践提升自身能力，进行自我教育、体验社会角色。此外，为了提高学生的竞争意识，教师还可以在班规中规定，采用干部轮换制。

当在班干部的任命中引入竞争机制后，学生就会明白做班干部不仅是一种荣誉，更是一种责任与义务、一个锻炼机会。同时竞争还能体现学生的个性与能力，激发学生更好地为班级服务的意识。这样一来，每个学生都会得到不同程度地提升。

2. 班级活动竞争制

在涉及班级活动的班规中，教师也可以引入竞争机制，使学生通过良性竞争，不断超越自我。比如，每个班级都需要出黑板报，教师就可以在与之相关的班规中引入竞争机制。

教师可以把全班同学分成若干小组，然后由小组长带领本组同学各出一期，要求小组的每位同学都要参加，分工协作，可以写字、画画，也可以排版或者找资料。等每期黑板报完成后，就请美术老师和班干部给该组打分。

为了得到好成绩，每一组的学生都会拿出自己的看家本领，在活动中积极表现自己最好的一面，同时还会克服自己的缺点，配合其他同学。这样不仅锻炼了学生的动手能力，提高了黑板报的质量，增强了学生的竞争意识，还让他们懂得团结互助和分工合作的重要性。

3. 学生作业竞争制

无论对于教师还是学生，作业都有着不可替代的意义。这使得很多教师都会在班规中对其作出相关规定。学生爱表现的心理，同样可以在作业管理中发挥重大作用。因此，在与学生作业相关的班规中，教师也可以试着引入竞争机制。

比如，某老师在班规中制订了作业竞赛制度。具体执行过程中，该教师把学生按照学习成绩及其思想表现的好坏分成好、中、差三个等级，然后再把他们分为四个小组，各组成员的情况基本相同，然后推选本组一位有威信的同学当组长。他把作业分成优秀、良好、合格、不合格四个等次，规定优秀得 3 分，良好得 2 分，合格得 1 分。同时，在教室里开辟了"竞争栏",每次在班会课时间统计各组的得分情况,把作业发给学生,然后当着全班学生的面,让各组组长站起来把各组获得的分数记在"竞争栏"里。

每当公布小组分数时,学生的心情就很激动。那些获得好评的同学会露出开心的笑容,心里暗暗下决心,为了本组的荣誉,下次作业一定要做得更好;而那些作业做得不好的同学,则无颜面对本组同学,羞愧得不好意思抬起头来,同时"逼迫"自己下次也应该认真点。

与此同时,为了防止学生为提高本组成绩抄袭作业,该教师不仅注意在班会上做学生的思想工作,让他们知道抄袭作业就是在"窃取"别人的劳动成果,并且还在相关班规中确定了相应的惩罚措施与监督机制。

这样,慢慢地,学生就产生了公平竞争、公正竞争的意识,从而使自己在作业方面取得了很大的进步。

4. 日常工作竞争制

每天,班上都会有很多事要等教师去处理,比如礼仪、纪律、卫生的检查工作等。这些事情虽然是琐碎的,但是对学生的成长又很重要,教师不能不做。

其实,要想提高工作效率,教师可以在相关班规中引入竞争机制。比如,教师可以对先进的组与个人,冠以美称"礼仪先进组(标兵)""卫生小天使(队)""纪律小卫士(队)"等。这样,学生在交叉检查评比过程中,就会互相监督,互相促进,在减轻教师工作负担的同时,又使班级日常工作井然有序。

竞争可以给学生带来机遇,竞争会使学生个体有所进步,使班级整体得到提高。当班级工作在班规的指引下有序化、班级呈现出整齐划一的状况时,教师就应该乘势优化班规,在班规中引入竞争机制,让所有学生的个性都得到张扬,让他们的学习变得更加主动,为实现自己的竞争目标而自觉努力。

引导更胜督导

"教育是帮助被教育的人，给他们发展自己的能力，完善他们的人格。"这是北京大学原校长蔡元培先生曾经说过的一段话。

这充分说明作为教育工作者，其任务是帮助受教育者发展自我，完善自我，而不是逼迫受教育者就范。教师要想借助班规规范学生，塑造学生良好的习惯，与其天天用言语、"惩罚"措施督导学生，不如以身作则，让学生自觉地认识到班规对自身的有益之处，从而使他们在班规的规范、引导下，自觉地约束自己，养成良好的习惯。

吉林省松原市宁江区实验小学蔡霞芳老师认为，就像每个发达的国家都需要具体可行的法律法规一样，一个优秀的班级必须靠完善的班规打造。为此，即便在日常语言、行为方面，她都给学生制订了详细的规定。

见面问候语：您好；早上好；下午好；您好，见到您很高兴；请转达我对他的问候。

分手辞别语：再见；再会。

求助语：请；请问；请帮忙；请帮助我一下；请多指教。

受人相助语：谢谢；麻烦你了；非常感谢。

得到感谢语：别客气；不用谢。

打扰别人语：请原谅；对不起；给您添麻烦了；让您受累了。

道歉语：很抱歉；真不好意思；实在对不起。

听到致歉语：不要紧；没关系；您不必介意。

提醒别人语：请您小心；请您注意；请您别着急。

除了这些详细规定，还有不起绰号、不骂人等概括性规定。

班规确定之后，蔡老师首先就意识到作为教师，自己必须先遵守班规中的条款，否则难以有效地让学生遵守班规。甚至在自己不慎违反班规之后，也严格按照班规中的惩罚条款执行。

接下来，让我们随机选择几个镜头，看看蔡老师是怎样用自己的言行向学生传达班规的重要价值，引导学生按照班规行事，自觉培养良好的行为习惯的。

镜头一

上课铃响后，蔡老师一脸微笑地走上讲台。

班长喊了"起立"，有几个学生忙于拿课本，起来得慢了些，但是他们却还是很认真地问候了"老师好"。看到这种情况，蔡老师没有作声，而是依然微笑着，然后弯腰，认真地给学生鞠了躬，同时说道："同学们好！"

接下来，正当蔡老师专心致志地在黑板上写字时，有个男生在下面哈哈大笑起来。

蔡老师有点不明所向，回头看了看那个学生——大鹏。

"你有个字写错了！老师也不过如此，还不如我呢！"大鹏很傲气地说。

蔡老师一看，确实是自己写错了，就笑着问："请问你知道它的正确写法吗？可以教教老师吗？"

大鹏没想到自己刚才非常唐突、不礼貌的指责，换来的竟然是蔡老师谦虚有礼的请教，以至于一时之间不能回答。

"好的！你先坐下想想！不过，老师还是很感谢你指出我的错误。那，请问哪位同学能告诉老师这个字的正确写法呢？"

语毕，有人站起来告诉了她正确的写法。

在学生说的过程中，蔡老师专注地看着他，很认真地听着。

学生说完后，蔡老师高兴地说："真是谢谢你！你是我的一字之师啊！"

学生也不好意思地笑了，也像蔡老师一样有礼貌地说："不客气！"

镜头二

下课时，蔡老师收了一大堆作业，再加上上课时拿来的文件，她自己拿不动。于是，整理好后，蔡老师对讲桌下的一位男生道："小军，请问你有时间帮老师把作业本送到办公室吗？"

小军爽快地答应了。

当小军把作业本放在蔡老师的办公桌上时，她又微笑着说："小军！

辛苦你了！非常感谢你的帮忙，不然我还得跑一趟。"

小军一看，自己的举手之劳，蔡老师竟然如此感激，也急忙说道："没关系！老师！这是我应该做的！"说完，不好意思地跑出了办公室。

镜头三

蔡老师正在办公室批改作业，突然有个女生闯了进来："蔡老师，他们给我起外号，叫我'傻胖妞'。"

女生的话一下子把蔡老师的思路打断了。

蔡老师感觉到了学生的愤怒与委屈，急忙抬起头，然后站起来，给她搬了一把椅子："你先坐下。和老师说说，到底是怎么一回事？"

原来是班里的捣蛋鬼小洋看到同班较胖的女生小葳做游戏时，没玩多久就气喘吁吁的样子，就大声地叫她"傻胖妞"。

一听同学骂自己傻，小葳就委屈地来找蔡老师告状。

"小葳，你成绩不错，怎么会傻呢？是小洋错了！我们去找他评理！"

找到小洋时，学生已经上自习了。而小洋也在认真地做作业，好像忘记刚才发生的事情了。

"小洋，打扰一下！你能来办公室一下吗？"蔡老师走到小洋旁边，用手轻轻地敲了一下小洋的课桌。

到了办公室，蔡老师没有立刻指责小洋，而是也给他搬了把椅子，让他坐下。

"小洋，请问你刚才是不是给小葳起绰号了？"蔡老师看着小洋，平静地问。

"嗯！"小洋老实地回答。

"请问你知道自己为什么错了，错在哪里了吗？"蔡老师依然和风细雨地问。

"不该给她起绰号。"

"其实，是错在你的绰号很伤人自尊。通常，给同学起绰号是不对的，因为很多情况下，绰号是贬义的，是对他人的侮辱与歧视，比如你起的这个绰号。但是，有时候绰号也有夸奖别人的，比如说人家聪明的'万事通'、会讲故事的'故事大王'。所以，如果你给小葳起了个好听的、夸奖她的绰号，她肯定不会骂你。"

听蔡老师这样一说，小洋和坐在一边的小葳都笑了。

"好了！这件事就到此为止了！你们两个回去之后，不要再闹矛盾了。"

"知道了！蔡老师！我以后再也不取笑同学了！"小洋乖乖地说道。而小葳则鞠了一躬，说道："对不起！给老师添麻烦了！"

时间一长，在蔡老师言传身教下，她的学生的行为习惯好多了，说脏话、打人的不良行为少了，取而代之的是以礼相待。

作为教师，不仅要教给学生文化知识，更重要的是要帮助学生培养和发展健全的人格，帮助他们逐渐养成良好的道德行为习惯，做一个自重、自爱、自尊的人。

作为班级管理的核心人物——班主任，自然是肩负这一历史重任的先锋人物。因为班主任在学生全面健康的成长中起着积极引导作用，尤其是在培养学生的非智力因素方面。

教师是学生思想品德的领路人，是学生心理发展史上不可或缺的良医。教师作为班级的重要成员，不仅要教好书，还要育好人，这就要求他们在各个方面都要为人师表，尤其是在贯彻执行班规方面，更要自己先按照班规行事，再要求学生遵守班规。

哪怕是细微的语言及行为，教师都应该力求完美，为学生做出执行班规的文明表率，进而以自己为榜样去影响和引导学生的言行，并最终使学生在思想上实现由抗拒班规向服从班规转变。

对此，蔡老师认为，教师是班级的一分子，因此要和学生一样遵守班规，尤其是班主任，更要身体力行。因为班规往往是学生与班主任共同制订的，甚至由班主任在征求学生意见后一手制订的。希望培养学生讲文明、讲礼貌的言行习惯，是许多班级班规的题中之义。但是，很多学生因为这样那样的原因，在执行时，往往不到位。对此，对学生有着潜移默化影响的教师，应该从自身做起，先让自己成为讲文明、讲礼貌的文明人，然后借此影响学生，或者规范、约束学生。

在镜头一中，有学生因为拿书动作慢，起立不及时，对教师不够礼貌。对此，蔡老师没有严厉地批评他们，没有强行要求他们按照班规中规定的"起立时，动作要快、要整齐"来做，而是用自己真诚的鞠躬、问好，引发学生的自我反省。相信经过这样多次鲜明的对比之后，学生就会意识到自己的错误，从而认真地对待"起立"这一基本尊师行为。

教师有错误，学生指出来，固然是可以的，甚至还应该得到教师的夸奖。然而，如果学生粗鲁地指出教师的错误，这就在纠错的同时又犯错，换句话说，在一定程度上，就是好心办坏事，给教师以及其他同学留下个不礼貌、粗野的印象。而且，如果犯错误的不是教师，而是其他人的话，你依然如此粗鲁地指出错误，对方不仅不会接受指正，还会调转话题，揶揄你的不礼貌。

面对学生的不礼貌，蔡老师没有表示不满，而是用自己的礼貌，让学生意识到了自己应该礼貌地指出错误，而且那个帮助蔡老师纠正错误的学生，最后就像蔡老师一样，礼貌地作出了回答。

给同学起绰号，是许多学生容易做出的不文明行为，很容易遭到被起绰号的同学的反对，甚至可能引发冲突。

在处理这一纠纷时，蔡老师依然很礼貌、文明地对待了两位当事人，在帮助他们认识了其中的是与非、对与错的过程中，还让他们学会了要尊重他人、礼貌待人。

不文明的言行习惯，是由不礼貌的语言、粗暴的行为构成的；反之，文明的言行习惯，则是由礼貌的语言、文明的行为构成的，因此，在利用班规规范学生言行，培养他们文明的言行习惯时，教师要注意用自己的文明语言、文明动作，给学生树立一个文明的标杆，让他们有个可以模仿的参照。这样，在教师文明表率的影响下，学生就会反思自己的不礼貌、不文明，进而依照班规行事，从而养成良好的言行习惯。

英国哲学家艾蒙斯说："习惯要不是最好的仆人，便是最坏的主人。"因为许多实践、事实都可以证明：我们生活中的许多事情，都是成也习惯，败也习惯。

习惯有好有坏，好习惯会使人获得成功与幸福；坏习惯则会导致人生的失败与不幸。所以，教育的根本目的就是要培养学生的良好习惯，教会学生如何做人。当良好的习惯一旦养成之后，就能很自然地作用于学生的学习、生活，进而成为学生一生受用不尽的财富。

正如约翰·洛克（John Locke）所言，事实上一切教育归根结底都是为了培养人的良好习惯，甚至一个人的幸福往往归结于自己的好习惯。

因此，教书育人，最重要的不是教书，而是育人，而是要培养学生形成良好的习惯。

对于学生的教育，叶圣陶先生说："老师当然须教，而尤宜致力于'导'。"叶老先生所说的这个"导"，就是引导，而不是督导。

引导是一种根据学生心理进行启发的教育方式。教育学原理一直非常强调教者要学会引导被教者，并且认为引导应该是教育方法中最为主要、最为重要的方法。

比如说执行班规中的文明言行条款，帮助学生养成言行文明的习惯。当学生接受别人的帮助，不说感谢的话，不作感谢的表示时，教师需要向学生示范，引导学生学会感谢帮助自己的人；当学生打扰了别人，被对方指责，不仅不道歉，反而与对方争吵的时候，教师需要引导学生自我反省，寻找自身错误，从而认识到打扰对方要道歉的重要性，并且在以后的学习、生活巾注意改正。

相反，当学生讲话不文明、举止粗鲁时，如果教师直接呵斥他，或者动不动就用班规中的惩罚条款进行惩罚，学生就会有一种受挫感，就会产生一种逆反心理。即便暂时接受了惩罚，以后也不一定会按照班规行事，也形成不了文明的言行习惯。

有句话叫做"教是为了不教"，即老师之所以要教育学生，目的是引导学生学会学习的方法，培养自我学习的能力，养成良好的学习习惯。而且，学生总是要走向社会的，不可能永远在班规约束下生活，如果养成不文明的言行习惯，一定会阻碍他们的发展与进步。

因此，教师很有必要帮助学生养成一种文明的语言行为习惯。而且，如果教师想通过班规的文明言行条款约束、引导学生，帮助他们培养良好的言行习惯，自己就要先遵守这些文明规约，用自己的言行去引导、影响学生，从而让他们也文明起来。

文明是一种习惯，而不文明也是一种习惯。文明的习惯可以给学生的学习与发展添彩，而不文明则只能给自己抹黑。作为教育的引导者，教师很有必要用自身文明的行为影响学生，让学生形成文明的言行习惯。

那么，在执行班规的过程中，教师怎样的言传身教会影响学生，使其产生像教师一样的文明习惯，并且要求自己做到言行文明呢？

1. 日常教学时

教师与学生接触最多的时间，莫过于课堂了。在课堂上，教师渊博的学识、高超的授课技巧，固然可以让学生参与课堂教学，津津有味地听课。但是，如果教师在课堂上，多使用一些文明的语言、文明的举止，学生就会产生受到尊重的感觉，从而以更大的尊重去回报教师，就会更加认真地听课，就会不断模仿教师的言行。这自然是教师文明的言行对学生潜移默化的结果。

这样一来，长期的模仿与学习，会使学生养成语言礼貌、举止文明的好习惯。

2. 学生犯错时

学生犯错时，是他们最容易冲动、情绪失控之时，同时也是最容易忽略文明言行的时刻，而此时，教师也可能会因为学生所犯错误的严重或者学生的情绪失控而容易忽略自己的语言、行为。但是，不管他们的错误有多么严重，即便逼迫得教师想训斥他们时，教师也不要让自己情绪失控、形象大损，而应该力求冷静，尽量平和地指出学生的错误、引导他们改正。

当学生看到教师在如此情况下，都能一如既往地坚持按照班规中的文明言行条款行事，就会反思自己的日常行为，然后向教师学习，更加文明地与人交往、沟通。

3. 突发事件时

当在课堂教学中出现突发事件时，有些教师可能很容易对学生进行责骂，甚至会出现把手中的东西使劲一摔的粗暴举动。

这样的言行往往就是违反班规的不文明行为，会带给学生一种错误的信号——人在面临突发情况时，是可以不文明或者违反班规中的文明条款的。

因此，为了避免出现类似情况，当遇到突发事件时，教师应该努力克制自己的情绪，让自己像往常一样，文明礼貌地应对事件。这样，使学生在遇到出其不意的事件时，也会学着克制自己，尽量用文明的言谈举止应对眼前的事件。

4. 日常交往时

教育学生并不是课堂上的三言两语，而应该贯串日常生活中。学生喜欢表里如一、言行一致的教师。因此，执行班规中的文明条款时，教师不仅要注意在大庭广众之下的文明言行，更应该在私下里，用文明的言行与学生进行交流、沟通。

这样，班规就像一把无形的尺子度量着学生的心理，学生就会认为不管在明处还是在暗处，班规都能束缚他们的不良言行。当学生看到自己敬重的教师，都能始终如一地遵守班规，坚持文明言行，自己就更该如此了。

这样，他们就会在日常交往中，无论是与教师、同学对话，还是在没有教师的陌生环境中，都能使用文明言行与人交往了。这样一来，班规所要求学生养成文明言行习惯的目的就达到了。

叶圣陶先生说，什么是教育？简单一句话，就是要养成习惯。因此，在教学实践中，教师需要借助班规中文明言行条款的规范与引导作用，再加之自身的言传身教，引导、教育学生使用文明用语、有文明举止，帮助他们从小养成良好的文明习惯，让他们终身受用。

执行班规要多些爱

著名教育家苏霍姆林斯基曾说过，要像对待荷叶上的露珠一样小心翼翼地保护学生幼小的心灵。晶莹透亮的露珠是美丽可爱的，但却十分脆弱，一不小心，就会滚落破碎，不复存在。学生的心灵，如同脆弱的露珠，需要教师的加倍呵护。

学生时刻都需要教师的关怀，特别是在执行班规的过程中，他们需要的不是责骂、不是严厉的惩罚，而是理解、是宽容、是无私的爱。就像对于公鸡来讲，米粒比钻石更重要一样，对于暴躁学生来讲，班规中的"温情"比"严厉"更重要。当那些脾气暴躁的学生遇到班规中的温情时，"铁石心肠"也慢慢会被融化。学生有了积极向上的愿望，才会自觉约束不良行为，养成良好习惯。

甘肃省岷县秦许中学优秀教师杨潇，是一位深受学生爱戴的教师。在大家的眼中，杨老师永远都是慈祥的，在学校里更是有名的"好脾气"。学生都把他当成是朋友，对他没有一点畏惧的心理。

起初有人担心，像这样一个没有"威严"的教师会管不住学生，班级的纪律会很差，但杨老师所带班级的纪律却出人意料的好。

面对这样的现象，曾经不少同事问他："你对学生总是和颜悦色的，没有一点威严。当他们犯错的时候，你说他们，他们会听你的吗？"

每当这时，杨老师都会微笑着回答："爱是最好的纪律执行者。特别是面对那些暴躁的'棘手'学生时，这种爱的力量会更加显示出它的作用。"杨老师这种用爱执行班规的做法取得了非常好的效果，其中小东就是无数受益者之一。

小东是学校里有名的"火炮筒"，一点就着，不仅爱调皮捣乱，而且经常和同学之间发生冲突，有一次甚至差点为此而失去上学的机会。对于班规更是视若无睹，班干部谁管他，他打谁。

一次，正赶上杨老师的自习课。在他正准备好要去教室的时候，班长急急忙忙地跑到办公室对他说:"杨老师,不好了。您赶紧去看看吧,小东和纪律委员打起来了。"听到这个消息,杨老师感到很诧异,急忙奔向了教室。

果然,一进教室就看到小东和纪律委员扭打在一起,周围还围了很多劝架的同学。杨老师立刻上前制止了他们,厉声说道:"都住手,难道你们不知道不能打架吗?"

纪律委员委屈地说:"小东违反班规,不遵守纪律。我按班规要求让他出去跑步,他不仅不服从处罚还打人。"其他同学也纷纷表示是小东先动的手。

这时,只见小东狠狠地向众人瞪了一眼,说道:"你们少管闲事,我就是不跑。"说话时的语气就像是胜利者在宣言一样,毫无悔过之意。为了不影响其他同学自习,也为了使小东不至于觉得"丢面子",杨老师将他们两人一起带到了办公室,然后问道:"现在谁先来告诉我到底是怎么回事?"

纪律委员首先说道:"快要上自习课了,我看到小东没有坐好,还不停地说话,所以就让他坐好。可他根本就不听,还说得更厉害了。按照班规上课不遵守纪律就要围操场跑十圈,所以我让他出去,他不去跑还骂人,最后我们就打起来了。是他先动的手。"

听了纪律委员的叙述,杨老师大概明白了事情的来龙去脉。看到小东一脸愤怒的表情,杨老师非常的生气,但是他很快就克制住了自己的情绪,对小东柔声说道:"小东,违反班规是事实,就一定要接受处罚。"

小东的拳头攥得更紧了,还没有等老师说完就大喊道:"我没错,他凭什么总拿班规耀武扬威,当纪律委员就了不起了吗?我就是看不惯他那副动不动就用班规惩罚别人的样子,好像班规是他定的似的,'拿着鸡毛当令箭'。反正我一看到他用班规来压人,我就看不过去,就想揍他。"

这时,杨老师似乎明白了让小东如此愤怒的原因,于是又说:"老师知道你觉得纪律委员的做法不恰当,但是你打人就更不恰当了。小东,老师知道你是一个真正的男子汉,你敢作敢当,但是真正的男子汉是要懂得主动承担责任的。当遇到问题时,盲目的暴力行为不仅不能解决问题,反而还会让事情变得更糟,让家人和老师为你担心。"

听了杨老师的话，小东低着头默不作声。杨老师继续说道："对于这件事，老师也有错。因为老师没有做好监督工作，所以才造成了今天的局面。杨老师向你说对不起，你愿意原谅老师吗？"

看到杨老师居然向自己道歉，小东感到非常不好意思，急忙说："老师，我也有错，以后我不打人了。"这场冲突终于在杨老师对小东充满爱心地引导下，和平地解决了。

但是班规终究是班规，违反班规就要接受相应的处罚。为了让冲动、暴躁的小东心甘情愿接受处罚又不会因此而产生逆反心理，最后杨老师决定陪小东一起去操场跑步，就当是对自己监督不够的处罚。

在操场上，杨老师不断地鼓励他，安慰他。虽然跑得满头大汗，但是杨老师却从小东的脸上看到了欣慰的笑容，他深深地感受到了学生其实最需要的是爱，是关心。第二天，一上课，杨老师就特地表扬了小东勇于承认错误的行为，教室里响起了热烈的掌声。这时，杨老师抓住时机重新解释了制订班规的目的。

杨老师强调，班规并不是惩罚学生的工具，而是希望以此使学生自觉约束自己的行为习惯，以便在各方面都得到提高。并且杨老师当场把所有的处罚规定都进行了更加人性化的调整。同时，又加入了新的班规：对待同学要充满爱心、关心、耐心；在执行班规的时候更要充分考虑原因，寻求最适当的解决方法。

从此以后，执行班规不再是一种严厉的惩罚，而成了大家互相勉励的过程。小东也感受到了大家的关心，更懂得了自己应当承担的责任。这种温情让小东重新振作了起来，渐渐地，同学发现小东变了，脾气也越来越温和，与同学发生冲突的现象有了明显地减少。

在接下来的日子里，每当有学生违反班规的时候，杨老师都会对其进行鼓励与安慰。对于执行班规的过程，更是特别注意对学生心理的教育，处处体现对犯错学生的关心与爱护。处罚必须要接受，但是从处罚中，学生体会到的更多的是温情，而非冷酷无情。班里的课堂气氛因此变得更加和谐，学生的成绩也有了很大的提高。

班规是一个班级的"法律"，是学生必须遵守的制度。当学生违反班规的时候，就要接受相应的处罚。但必须明确一点，教师在班级里确立班规的目的是为了更好地约束学生不良的行为习惯，帮助他们得到提高。因此，它的主要目的是希望学生进步，而不是惩罚。

但被约束、被处罚终归不是什么好事。所以，当学生面对自己将要受到的处罚时，从心理上就会有一定的负担与压力。如果这时执行者的方法处理不当，就会适得其反，深深地伤害受处罚学生的自尊心。特别是那些脾气暴躁的学生，将会给执行班规的人带来更大的难题。

心理学家曾研究表明：一般暴躁的学生不仅脾气差，而且自尊心也比一般人要强。在看似"小霸王"一样的坚强外表下，实际上有一颗非常脆弱、非常敏感的心。而暴躁，有时只不过是一种虚怯的表现。小东正是如此。

在本案例中，学生小东是有名的"火炮筒"，顾名思义，也就是脾气非常暴躁，与同学之间发生暴力冲突的现象屡见不鲜，特别是在班规的执行过程中，抵触心理极大。最后，因为不满纪律委员在执行班规时对他进行处罚而大打出手，造成了非常不好的影响。

面对这种情况，杨老师并没有因为小东的暴躁而严厉地批评他，而是站在小东的角度分析，给他讲道理，用爱心去感化他。在与小东的谈话中，他看到了小东对班规处罚条例的反感与抵触心理，更看到了小东寂寞的心理和对爱的渴望。

杨老师深知像小东这样暴躁的学生，一味地批评、惩罚是没有用的。实际上他看似冷酷的心最需要的是温暖，是鼓励。即使是受到惩罚，也要让他欣然接受，并从中感受到所有人都在支持他。

于是，杨老师在执行班规的时候，就将小东和纪律委员都带到了办公室，这样就避免了学生在同学面前因有损"面子"而产生更加强烈的反抗心理。之后，杨老师又主动接近小东，陪他一起受罚。这种做法，让小东深深地感受到了班规严厉之中的那份温情，使他重拾信心。他不仅接受了处罚，而且更深刻地认识了自己的错误。

班规只是一种制度，是学生必须要遵守的行为准则，是死规定，但执行班规的人却是有感情的。既然班规的结果不能改变，那么教师就应该去改变它执行的过程，让接受处罚的人在这个过程中找到心理上的平衡，

感受到除严厉之外的那种温情。

也正是因为这种充满爱的教育方式，拉近了师生的距离。小东在杨老师的帮助下认识到了自己的错误，变得更加自律，学习成绩也有了很大的提高。而这种温情不仅感化了暴躁的小东，更感化了所有的学生，使班级的学习氛围在这种温情中，变得更加和谐。

在我国教育界，有一句堪称教师座右铭的名言——"尊师爱生"。从字面上看，这几个字的意思是：学生要尊敬教师，教师要爱护学生。它和被奉为中华民族美德的另一个口号有千丝万缕的联系，那就是"尊老爱幼"——晚辈要尊敬长辈，长辈要爱护晚辈。也正是由于这种"师生如父子"的观念让一些教师盲目地信奉"棍棒底下出孝子"的观念，而班规，就成了使学生进步的"棍棒"。

随着新课改的不断深入，学生的主体地位更加明确，学校不仅注重对学生知识的培养，更加强了对他们的素质教育。这时班规的执行就引发了人们的反思：孝子就一定要出在棒下吗？答案非常明确，学生需要的不是"棒子"。

著名心理学家威尔逊曾提到了这样一种现象，说的是城市有一座公共花园，每当春天繁花盛开的时候，都会有大批的游客来欣赏。然而，可恼的是，游客中总有一些不自觉的摘花者。尽管公园的管理者在公园里写了许多牌子，如"摘花可耻""禁止摘花"等，可人们似乎对这样的牌子视若无睹。

后来，公园的管理者就找到了心理学家威尔逊，向他诉说了苦衷。威尔逊说，你们何不换一个角度来提醒人们呢？于是，他亲手为公园写了一些警示语，如"花朵的自然之美，正是你心灵之美的映射""你欣赏花的美丽，花欣赏你的高贵"等。公园的管理者就用它们换下了以前的牌子。

从此以后，这个公园里的情况发生了巨变，摘花的人骤然减少，甚至有些人还主动保护花草，希望它们更加健康地成长。

很多人都感到这件事真的是太神奇了，为什么会产生如此之大的反差呢？但当人们问及原因时，威尔逊却这样解释道，花园的美丽，需要人们用心灵的美丽呵护，你欣赏了别人品格的美丽与高贵，别人自然就会以等价的行为来回报你的欣赏。他的话，后来就成了如今这个众所周知的"护花原理"，也就是强调内在的心灵育人。

这件事表面上看去似乎略显荒诞，但这个原理却告诉人们外在的和谐必须与内在的和谐相统一，这样才能得到预期的效果。而这个著名的理论也引发了教育者的深思：心灵育人在教学中的作用。

班规对学生有着很强的约束性，它主要约束的是学生的行为。但是，执行班规的过程却更加影响学生的心理。学生从执行的过程中感受被爱与被罚的区别，并形成面对班规时的心理：是接受，还是反抗？

由此可见，班规的执行过程也应该注重外部行为规范与心灵教育的并重。

对于教师而言，班规是必须存在的，但不能把它看做是镇压学生的工具，而应该是提醒学生自律的警示语。学生在触犯班规、接受处罚时，心理上本来就承受了一定的压力，这时他们更需要的是鼓励，是支持。

班规要约束学生，教师则要在这种约束中，让学生感受到关怀与爱护，即使是处罚，也更应该注重对学生心灵的呵护，让学生感受到班规中的温情，不要用班规给学生带上无形的"枷锁"。不仅如此，用班规的温情感化学生更是对学生的尊重，使学生感受到平等、理解和宽容，使班规发挥最大限度的作用，为使班级成为优秀班集体服务。

处于青少年期的学生，经常会出现缺乏耐性、脾气暴躁、以自我为中心的过激行为，对教师的管教都存在反抗心理，特别是那些心理自控能力差的暴躁学生。

因此，为了使班规可以更好地约束他们的不良行为习惯，教师在执行班规的时候就要多些爱，注重心灵育人，让班规中的温情慢慢地感化他们，而非严厉镇压。那么，具体应该怎样做呢？方法有以下几点。

1. 引导学生认识暴躁的危害性

面对暴躁的学生，首先就要让他们充分认识暴躁的危害性，从心理上形成"不应该暴躁"的意念，使学生可以有意识地去主动控制自己的情绪。当他们违反班规被处罚时，能用正确的心态去客观地分析事物，正确地评价自己的行为，多想想别人，多想想事情的后果，从而养成遇事多思考，认真对待，慎重处理的习惯。

教师可以利用生活经历对学生进行引导。如在生活中常常看到，有些人因为一些不足挂齿的小事而做出不该做的事，引起恶性斗殴，甚至导致人命案子的发生，最后锒铛入狱，事后常常后悔不已。所以发脾气并不能解决问题，反而会增加新的矛盾。

2. 放下架子，执行班规要充满爱

"没有爱就不会有教育"，可以说，爱是一切教育的基础。执行班规是实施教育的一种方式，它使学生无论在受到表扬还是受到批评时，都能从中受到启发，帮助自己进步。因此，在执行班规的时候，首先就要放下"审判者"的架子，改变居高临下的态度，"蹲下身来"与他们相处。

学生触犯班规时，实际上心理是很脆弱的。他们希望教师能和他们交流谈心，诚恳相待，以朋友的身份出现在他们面前，关注他们的一切。而不是一个只对他们进行处罚，动不动就抓小辫子，严厉呵斥的卫道者。在这样的教师面前，学生只有畏惧感、厌恶感。

因此，教师在执行班规时就要满怀爱，要平等地对待学生，让他们感受到教师的关怀，感受到教师对他们的尊重。不仅如此，执行时还要始终保持宽容大度的胸怀，要微笑着面对学生，要用自己积极向上的态度去感染学生，形成心灵上的共振。

有了这一心理基础，学生面对班规的执行，能调整好自己的心态，暴躁学生能控制自己的不良情绪。

3. 诚心以待，让学生从班规中感受真诚

真诚不是一种知识，而是一种态度、一种情感、一种体验、一种信念。它既是良好教养的人应备的品质，更是教师应有的美德。

当教师执行班规的时候，真诚地对待那些暴躁学生，能赢得他们的心。即使是一些道德训诫的话语，如果是发自教师内心的，是充满教师信念的，那么，这些话语也会像磁石一样，对于那些原先并不信赖你的学生产生一种吸引力，成为他们的支柱和指路明灯。

所以，让暴躁学生感受到教师的诚心，他们信服教师，才愿意执行班规。

4. 持之以恒，感化暴躁学生要有耐心

人各有异，每个学生的性格都不相同，特别是那些暴躁的学生，常常"说不得，碰不得"。因此，对待这样的学生，不管是教师，还是其他班规的执行者，在执行班规的时候都要有足够的耐心。

即使是那些暴躁的学生不理解你的好意，也一定要持之以恒地教育、引导他们走向正确的道路，不能因为受到一点小小的打击，就放弃对他们的爱。如果用严厉的制度去镇压他们，易激起暴躁学生更加强烈的反抗心理，适得其反。

常言道："精诚所致，金石为开"，让学生感受到教师的关心，感动学生，这要比严厉责罚更有效。同时，对于那些暴躁学生，教师还可以潜心发掘他们的优点，然后用班规中的奖励制度对他们予以肯定，以此提高他们对班规的认识。

例如，如果一个学生经常因为点小事就和同学大打出手，那么教师就可以在他还没有"出手"之前就对他进行鼓励性的表扬，如"你今天真厉害，都学会自我控制了，老师真替你高兴"。让他感受到当自己能遵守班规时，会受到表扬，增强他们想要继续获得表扬的意识。

总之，班规给了学生外在条件的约束，但本质的改变还需要学生内在的认识和觉悟的提高。没有天生的坏学生，教师用爱慢慢地感化他们，每个学生都会是好学生。即使是脾气暴躁的学生，也终究会被这种温情所感动。

公正对待每一位学生

教师制订班规是为了更好地管理班级，让每个学生都取得进步。但有些教师有时会不由自主地把学生分成三六九等，对好学生尊重、偏爱，对差学生则嫌弃、厌恶。以至于他们在处理班级问题时，常被自己的情绪和对学生的偏爱所左右，将班规弃之一边，出现不公平对待学生的现象，使教育的天平失衡。

然而，公平、公正对待每一位学生是教师执行班规的根本原则，也是管理班级的一个根本原则。一个班主任要想管好一个班集体，除了要具备较高的文化素养、良好的道德品质，还有很重要的一点就是要有人格魅力。而人格魅力的树立，一个重要途径就是通过公平地执行班规，公正地对待每一位学生。这样的教育具有强大的说服力，能让学生、班级每天都有日新月异的变化，朝着健康向上的方向发展。

学生之间相处，常会因为一些小事产生矛盾，脾气暴躁的甚至还会动手打人。每当面对这些班级问题的时候，江西省抚州市第一中学特级体育教师冯松林总是以宽容公正的态度来处理，用班规慢慢转化学生的过激情绪和行为。

有一次上体育课，冯老师正指导学生进行投篮练习时，体育委员匆匆忙忙地跑过来，"老师，快，快，——出事了！"边说边拉冯老师的胳膊，这突然的"袭击"让冯老师愣了一下，但随即他便跟着体育委员急忙跑向铅球场地。

来到铅球场地，冯老师分开围在一起的人群，发现班里有名的"淘气鬼"小军正脸红脖子粗地抓着学习委员小宇的衣服，攥紧拳头准备打下去。看到这个场面，冯老师的第一反应就是急忙上前制止，于是大喝一声："住手！"

没想到冯老师的暴喝反而让小军情绪更加激动，他就像点燃的爆竹，大声吼道:"关你什么事!"

在场的学生被这突如其来的吼声惊呆了,眼睛齐刷刷地望向冯老师。冯老师还是第一次受到学生如此直接的顶撞,那一刻,他觉得自己很没面子,火气"腾"地一下就上来了,不由得攥紧了拳头:真该狠狠地训这小子一顿,太不把老师放在眼里了!但这种想法瞬间即逝。他知道如果这时候教训小军只能解了自己一时的火气,而且在不明情况下教训学生还会使师生之间产生隔阂,对班级管理十分不利。想到这里,冯老师缓和了一下自己的情绪,尽量用平静的语气对小军说:"不管发生什么事,先松开手好不好?"说着顺手还拍了拍他胖胖的、鼓起来的小肚子,轻松地开着玩笑:"哎哟,看来你小子早饭吃了不少,肚子都鼓起来了。"

冯老师的态度让小军感到很意外,他吃惊地看着冯老师,最终憋不住"扑哧"一声笑了,抓着衣服的手也慢慢地滑落了……

"好了,现在大家都继续练习动作吧。"冯老师并没有深究,而是走向女生练习场地,继续上课。此时,周围静悄悄的,学生继续练习。

快下课时,小军和小宇主动来到冯老师面前,低着头抢着说:"老师,是我错了。""不是的,是我错了,是我先动的手,我还骂了老师,老师原谅我吧!"

听到两人的道歉,冯老师笑着说:"老师早就原谅你们了,不过——"冯老师话题一转,严肃起来,"作为学生,我们应该尊敬师长、团结同学,不打架、不骂人、不讲脏话、不顶撞老师,做文明学生,这也是我们班规里规定的,你们今天的表现可不太好。特别是小宇,你是学习委员,班里的干部,更应该带头遵守班规。而小军爱打架的毛病以后也要改一改。"

"老师,我会改的。"小军保证道。

"老师,我以后也会起到班干部的带头作用的。"小宇也信誓旦旦。

"好,老师相信你们。只不过老师想知道你们为什么一下子都觉得是自己错了呢?"

小军抢着说:"刚才见老师过来,我以为您肯定要先批评我了,因为小宇学习成绩好,老师都喜欢他,老师肯定不会批评他的,于是一见到您过来我就先顶撞你,没想到……"小军不好意思地挠了挠头。

此时，小宇也忙着解释说："今天确实是我错了，违反了班规。因为我没有按秩序进行练习，而是抢先了，小军拉住我也是应该的。"

"你们能主动认错，老师很高兴。但不管怎样，你们这次都违反了班规，要接受小小的惩罚——下次上课帮老师搬体育器材，可以吗？"

"行，没问题，保证完成任务。"说着，两人调皮地做了个鬼脸。

"哈哈哈……"冯老师笑着轻轻拍了拍两人的头，一种和谐的气氛顿时洋溢在师生之间，洋溢在整个集体。

从此之后，调皮的小军规矩多了，淘气的事也少了不少。而小宇也自觉地担负起班干部的责任，不时地用班规提醒犯错的同学。在冯老师的课堂上，再没有出现过打架、骂人等违反班规班纪的事情。

"尊敬师长、团结同学，不打架、不骂人、不讲脏话、不顶撞老师，做文明学生"，这是很多学校班规中的内容。但并不是每个学校的教师都能很好地执行这些班规，让其发挥出真正的效力，而案例中的冯老师却做到了。冯老师以公正地执行班规的态度和行动赢得了学生的尊敬，这也在无形中影响了班风，使班级管理提高了一个层次。

案例中，当冯老师看到小军正抓住学习委员小宇的衣服准备打架时，立即上前予以制止。但小军见冯老师过来，以为他肯定先批评自己，于是火气更大了，强硬地顶撞了冯老师。那么，为什么他会有这种想法呢？因为他是有名的"淘气鬼"，学习成绩又比较差，而小宇不但是班里的干部，学习成绩还非常优秀，教师都喜欢这样的学生，所以他理所当然地认为教师会偏袒小宇，而训斥自己。

对于小军的顶撞，冯老师开始也很生气，但他却克制住了自己的情绪，以轻松而幽默的话语打消了小军的疑虑，使其松开了抓住小宇衣服的手。

而接下来冯老师的举动更让小军意外，冯老师竟然没有作任何批评，像任何事都没发生一样继续上课。冯老师的宽容让打架的当事人——小军和小宇受到了感动。因此，在下课前他们主动向冯老师道歉。冯老师也趁机利用班规公平地对两人进行了批评教育，既没有偏袒优秀生小宇，也没有因为小军成绩差、淘气而作出过分的批评，而是一视同仁，同时指出了两人的错误。冯老师的公正让两名学生心悦诚服，最后高兴地接受了"惩罚"。

从这个案例中，可以看出，冯老师有着高超的教育技巧。当学生处于激动状态时，他没有立即提出批评，因为这时候，不管班规多么有道理，无论教师处理问题有多公平，学生都听不进去，因为他已经被愤怒冲昏了头脑，失去了理智。所以，冯老师把事情搁置一旁，让两个打架学生的情绪稳定下来。之后，冯老师再通过班规对他们进行批评教育，并依据班规做出了公平、公正的处罚，最后取得了圆满的效果。

管理班级需要讲究艺术。这需要教师既要有灵活处理问题的能力和技巧，更要遵循公正、公平的原则，灵活依据班规解决学生间、师生间的矛盾，这样能更好地创建一个团结、合作的优秀班集体。

要想通过班规形成良好的班风，教师一定要做到公平、公正地执行每一条班规，对学生持信任与尊重的态度，对不同性别、年龄、出身、智力、个性、相貌、学习成绩等各类学生能够做到一视同仁，不以自己的私利和好恶，以及情绪作为处理班级问题的标准。也就是说，教师对学生的公正最主要的是要做到如下几点。

1. 平等对待学生

平等地对待学生实际上也就是常说的要树立正确的师生观的问题。从伦理学的角度看，教师执行班规时，要做到公正地对待学生，首先是要真正尊重和信赖学生。

在我国的传统教育观念中，教师往往习惯于把自己置于"绝对权威"的地位，往往认为自己在人格上高于学生，漠视学生独立存在的主体性。这样，当教师依据班规教育学生时，学生极有可能抱一种不以为然的态度。因为在他与教师的交往中，并没有体会到应有的尊重或人际公正。所以，传统"师道尊严"的观念是有违师德的，尤其是有违现代教育伦理的基本要求。当然，人格上的平等并不意味着角色上的对等。教师要承担对学生的思想行为教养的责任，从这一点来说，教师威信、威望的存在又是非常必要的。否认这一点就是否认教师职业的特质。所以，对学生公正的重要内涵之一就是教师要努力做到对学生的尊重与要求的统一。

2. 爱无差等，一视同仁

所谓爱无差等，一视同仁，就是指教师不能以自己的情绪和好恶作为处理班级问题的标准，而应当按照班规平等对待学生。有些教师在处理班级问题时，往往根据自己的个人倾向，有意无意地偏爱一些学业成绩好的学生，而相对歧视或忽视一些成绩差的学生，不按班规来公正处理矛盾。这种有意的不公正属于明显的师德缺陷，而对无意的不公正教师也应当注意防范。实际上，正是因为学困生的成绩差才更需要教师的关怀和帮助，才更需要教师的平等之爱。正如俄罗斯有句谚语说，"漂亮的孩子人人喜欢；而爱难看的小孩才是真正的爱"。

3. 实事求是，赏罚分明

所谓实事求是，赏罚分明，就是要做到"尊重和要求的统一"。一方面要根据学生的实际情况对症下药，另一方面在班规的制度上又不能允许有特殊学生的存在。赏罚本身往往是次要的，学生在意的主要是教师是否依据班规赏罚，以及赏罚所体现出的教师对他们的评价。

在马卡连柯的学生"公社"里，只有社员才能接受诸如禁闭这样的惩罚。一般学生在他们未成长为"社员"之前，反而没有接受惩罚的"资格"。所以，当社员违背了某项纪律而走进禁闭教室时，他的自尊不但没有受损，相反，他觉得自己作为光荣的公社集体的一员居然违背了纪律，太不应该，其自尊、内疚和觉悟是成正比的。在这里，可以看到，公正是这一成功的惩罚模式的要素之一。因为，对于所有人来说，只有当他进步到一定水平时，他才具有社员的资格；而一旦他具有这一资格之后，他就有义务维护公社的荣誉，承担相同的责任。所以教师在处理班级问题时，关键是惩罚本身是否合理，是否真正依据班规来执行处罚。

4. 灵活执行班规

灵活执行班规是教师教育公正的另一方面。虽然强调处理班级问题时，要依据班规公正处理，在对学生的爱护、帮助和奖惩上应当一视同仁，但是不能把一视同仁理解为一种刻板机械的形式。在落实一视同仁、爱无差等原则时要考虑学生在个性、知识水平和智力程度等方面的差异，灵活执行班规，不要过于拘泥。

有一个例子就很能说明问题。两个成绩比较差的学生在宿舍里为了争夺一把吉他而扭打起来,最后去找班主任评理。班主任听后,并没有批评他们,而是说,依据班规应该罚你们打扫明天的卫生,但因为你们这次有了进步,免于惩罚。这两个学生听了感到很惊讶,自己打架怎么还有进步呢?班主任给他们讲了三个理由:第一,这次是为了吉他而打架,比上次为抢帽子而打架要好多了。因为想弹吉他是好事;第二,动手打人不对,但没有上次厉害;第三,最重要的是,两个人想到了解决问题的新的方式——找老师,而不是像以前那样非打出一个输赢不可。之后,班主任提出让他们凭借自己的智慧理智友好地解决类似问题的要求。最后,两个学生手拉着手、心悦诚服地离开了办公室。

打架反而受表扬,表面上看似乎不公正,但对于这两个差生来说,这也许是真正的教育公正,使班规真正起到了规范学生行为的作用。

因此,在处理班级问题时,教师要公正、公平地对待每一个学生,既要使班规落到实处,也要学会灵活运用班规,真正做到公正,以便达到教育的目的。

学生是合法的个体,他们有享受公平的权利。所以,教师应该依照班规,公平、公正地对待所有的学生。但要真正践行公正是很不容易的,很容易在主观上受到自己情绪的好坏、客观上受到问题的情境性等因素的影响。那么,教师如何才能公正对待学生,按班规处理问题呢?

1. 加强人格修养

教师要做到公正对待学生,就必须加强自身的人格修养,这是由公正的价值依赖性决定的。也就是说教师如果没有价值观上的必要修养,理解和实践公正是不可能的。

教育公正对于教师而言,就是如何恰当地对人对己。公正地对人对己要求教师首先要有宽阔的胸怀和高度的使命感,同时还必须有一定的自制力和抵抗压力、坚持公正的勇气。公正看起来是一个很容易实现的道德原则,但实际上,没有对教育意义的深刻领悟和使命感,没有无私奉献的情怀,没有较高的人生境界,是很难完全实现公正原则的。所以,要实现教育公正,依班规处理问题,首先,就要求教师进行道德和心性修养的培养，成为一个公正的人。

2. 提高教育素养

教育公正不能仅仅是一种心理,还应是在教育实践中落实的实践法则。所以,教师要真正做到公正,用班规约束学生,还需要有较高的教育素养。作为"人类灵魂工程师"的教师应该是专家、思想家和心理学家。这样,能从真正意义上认识教育公正,使受教育者在教育过程中享受到真正的公正、公平。

3. 依班规公平合理赏罚学生

制订班规是为了约束学生的行为。因此,班规必定会涉及赏罚方面的内容,比如上课迟到罚跑两圈、作业有进步奖一颗红星等。在执行班规时,教师一定要严格按照班规的规定来赏罚学生,决不能受个人的爱憎亲疏所干扰,要做到"有功虽仇亦赏,有过虽亲必罚";不管是赏是罚都要经过一定的民主程序,要以班规为依据,不能个人说了算,同时要让学生明白原委,这样才称得上赏罚公平。

4. 依班规公正合理地评价学生

当学生违反班规的时候,教师在评价学生的错误行为或观念时,要站在客观的角度对学生的行为给予正确的评价,错了就是错了,对了就是对了,不管是班里的优秀生或是后进生,在班规面前一律人人平等。此时,教师万不可因为偏爱优秀生而在语言评价上给予袒护,这样不但会伤害后进生的自尊心,还会影响班规的效力,使班规无法再真正起到约束学生的作用。因为,后进生在教师的评价中并没有看到执行班规的公正性,对于他们来说,班规就是一个摆设,没有任何约束作用。所以,教师要坚持做到在规则面前人人平等,不抱成见,不徇私情,规范准确,体现出班规的公正性。

5. 依班规公平、公正地处理学生之间的各类矛盾

学生之间在相处时难免会产生矛盾,甚至发生冲突,违反班规。教师在处理学生的这种矛盾的时候,必须依照班规主持公道,要先调查研究,分析原因、寻求恰当的解决办法,妥善处理。要做到"公平如秤",不偏袒一方,责难一方。尤其是牵涉学生与学校或教师的矛盾,对处于"弱势"地位的学生,更应在态度、方法与结论上充分体现平等、合理与公正的要求,

体现出班规的公平性，让学生心悦诚服。以势压人，得理不饶人，或者打击报复等都是与公正要求背道而驰的。

　　管理好班级、学生是一门艺术，需要采用恰当的方法、合理的班规。教师在处理班级问题时，应很好地利用班规，公平、公正地对待每一位学生，让学生在民主的氛围中感受到制定班规的好处，从而创建良好的班风，建立一个优秀的班级。

公平处理班级矛盾

孔子在《论语·子路》中说道："其身正，不令而行；其身不正，虽令不从。"意思是说：当管理者自身端正，作出表率时，不用下命令，被管理者也会跟着行动起来；相反，如果管理者自身不端正，而要求被管理者端正，纵然三令五申，被管理者也是根本不会服从的。

在教学活动中，教师作为直接管理者，首先自己的行为就一定要做到公平、公正，要依"法"行事，特别是对待班干部与后进生时，更要做到一视同仁，就事论事，一碗水端平。要严格按班规制度进行管理，不能因为个人的喜好而出现偏袒现象。

一个无法公正处理事情的教师，又怎么能使学生信服呢？这样的教师在执行班规时，就更难得到学生的支持。

公平教育是教育事业中最基本的要求，它体现在教育的方方面面。对此，辽宁省辽阳市第一高级中学特级教师王家娟就做得非常好。她不仅将这一宗旨运用到了日常的教学工作中，更将这一理念贯彻到了班规的管理、实施中，受到了学生的爱戴。大家都亲切地称呼她"娟妈妈"或者"妈妈老师"。

王老师的班里有这样一条班规：同学之间要互相爱护，互相帮助；处理事情要做到公平、公正，不能以个人的意愿利用班规假公济私，教师违反班规同样要受班规处罚。而她也是就事论事，即使是面对那些自认为是教师眼中的"红人"与后进生产生矛盾时，也是一碗水端平，绝不偏袒任何一方。

小强是王老师班里的后进生，平时调皮、贪玩的事情不断。几乎每次上课他都要被再三点名提醒认真听讲，而班规对于他来说更是处罚大于奖励。渐渐地，大家习惯性地认为：只要有犯错误的事情发生，那么就一定是小强的责任。

有一次上劳动课，王老师安排大家分组为学校大扫除。班长小丽和小强被同分到了一组，主要负责厕所及周边的卫生工作。因为每个小组负责的地方都不是太大，所以老师要求大家在下课前将所有的工作做完。

学生热火朝天地干了起来。下课后，王老师带领几名班干部开始一一检查工作。看到大家把学校打扫得一尘不染，王老师感到非常欣慰，按班规制度给每个小组都加分以示奖励。但当走到班长小丽与小强的打扫范围时，王老师与在场的人都愣住了，只见地上一片狼藉，到处都是纸屑，似乎根本就没有打扫过。

面对这样的情景，王老师感到非常诧异，她问道："小丽、小强，你们能告诉老师这是怎么一回事吗？"

还没有等小强开口，班长小丽就抢先说道："老师，刚才我看到别组的同学抬水很吃力，所以我就帮他们去抬了一下水，结果小强就开始偷懒。他根本就什么都不愿意干，让他干什么都不干，还不停地狡辩，逃避责任。"

这时，卫生委员也帮腔说道："小强平时就不爱干活儿，每次值日都找借口逃跑，而且个人卫生也不好。这次肯定又是小强偷懒了。"在场所有的班干部都开始帮着班长说话，这种"群起讨伐"的架势，与小强孤独的表情形成了鲜明的对比。班干部越说越起劲儿，似乎老师批评小强已经成为了必然的结果。

但是，王老师并没有像班干部所想的那样对小强进行批评，而是关切地问道："小强，你为什么不说一说原因呢？"

小强泄气地说道："说了有什么用，反正你们也不会相信我，肯定相信班长他们的。"

看到小强失望的表情，王老师感到非常心痛。小强现在放弃的不仅是为自己辩白的机会，他更表现出了学生对教师、对班规的公平、公正原则的怀疑。为了让小强相信教师绝不会因为某些方面就偏袒班干部而歧视他，于是王老师鼓励他说道："小强，老师相信你是一个好孩子，没关系，只要是事实，王老师就一定会相信。我们有我们的班规，谁对谁错不是一个人说了算的，而是要根据班规来裁定。"

看到王老师信任的目光，小强终于鼓起勇气说道："班长不愿意和我一组，我们刚开始打扫卫生，她就说要帮助别组同学抬水，就借故跑开了。

等到快下课的时候，她才回来。我觉得她就是嫌厕所太脏了，不愿意干。所以我就把里面的都扫完了，她只要把外面的打扫一下就行。可是她说她还有其他的事，结果就没干完。"

听到这些，王老师非常感动。小强为了照顾女同学，自己已经把最脏的活儿都打扫完了，但是班长却不但没有领情，还找借口将所有的责任都推到了小强的身上。而这个看似小小的打扫卫生事件背后，反映出的更多的是班干部与后进生之间的矛盾，和他们对班规的不信任。

这时，其他班干部仍然说着小强的不是。王老师便严肃地说道："小强虽然有时很调皮，但是今天他打扫卫生的表现却是值得我们学习的。"大家都疑惑地看着王老师。为了让班干部认识到自己的错误，王老师对小强说道："小强，既然这样，那么，你为什么还要把最脏的活儿留给自己干呢？"

小强一副大男子主义的口吻说道："班长是女孩子，作为男孩子我觉得照顾女同学也是应该的，反正也没太多的活儿。"

"即使她并不想和你一组，你也愿意帮助她？"

小强笑了笑说道："咳，无所谓。其实有时班长挺好的，上次她还教我做作业了呢。"

听了这些话，班长惭愧地低下了头。王老师问道："小丽，你是不是不愿意和小强一起打扫啊？"

看到班长默不作声，王老师继续说道："就因为他是后进生？"

小丽这时说道："老师，对不起。"

"小丽，你是班长，当老师不在时，你就要对整个班集体负责。班干部的作用是更好地帮助同学，你们是为同学服务的，而并不是因为你们是班干部就比其他的同学高一等。"王老师顿了顿继续说道，"小丽，小强为了照顾你是女同学已经把最脏的活儿都干完了，你有什么要说的吗？"

班长小丽真诚地对小强说道："小强，对不起。"听到班长的道歉，小强不好意思地笑了起来。这时王老师又继续说道："这次，主要是因为班长逃避责任而使工作没有做完，所以这次老师就按照班规不仅不能给她奖励，并且还要罚她将剩下的工作做完。大家有什么异议吗？"

所有人都默不作声，王老师继续说道："你们都是好学生，同时身为班干部又比其他同学承担了更多的责任。犯了错误并不是什么丢脸的事，要勇于承认错误，才是值得表扬的。小丽，你愿意接受老师对你的处罚吗？"

小丽认真地点点头说道："愿意。"

王老师公平的处理方法赢得了学生的热烈欢呼，特别是她没有因为小强是后进生，班长是班干部就偏袒班长，而是公正地对班长进行处罚，让更多的学生感受到了班规的权威性与公正性，对班规也变得更加信服。

从此以后，班干部和后进生之间的矛盾有了明显的改善。后进生再也不会因为觉得班规只会维护好学生的利益而故意违反，班干部也不会盲目地用班规来处罚别人。凡事都依"法"办事，同学之间的矛盾也减少了，班级不仅变得井然有序，也变得更加和谐了。

古希腊著名的哲学家、爱非斯派的创始人赫拉克利特（Heraclitus）曾说过这样一句名言："公正，一定会打倒那些说假话和作假证的人。"这句话用诙谐、幽默的语气向我们展示了公正的重要作用，那就是打倒一切错误，使事物恢复和谐。

也就是说，人们之所以会产生矛盾，就是因为有不公正现象的存在，才使得他们有机可乘，为了得到某种利益而产生矛盾。但如果对一切事物的处理都保证公平、公正，那么这种不和谐的矛盾也就自然会消失。

正如我们班级中经常出现的问题：班干部与后进生的矛盾。班干部面对后进生时总有一种优越感，认为自己比他们学习好，教师更喜欢自己。而后进生则因为学习不好，总觉得自己不如班干部，产生一种自卑感，甚至是反感。所以，二者经常出现矛盾，达到"水火不容"的地步。这是所有人都不愿看到的矛盾。

这时，教师与班干部之间，教师与后进生之间，班干部与后进生之间就产生了极其微妙的关系。任何一方都极度关注教师的反应，因为教师的决定直接关系着其中任何一方将来的利益与地位问题。

面对这样的问题，教师应严格按照班规的制度进行处理，本着就事论事，一碗水端平的原则，做到公平、公正，那么无论结果如何，任何一方学生都不会找到继续发生矛盾的借口，而他们也不会因为怀疑教师的意图而产生反抗心理。

在本案例中，班长小丽和后进生小强被分到了同一个组参加劳动。但是小丽却觉得和后进生分在一起不光彩，而且又嫌工作太脏，于是就找借口逃避应该负责的值日工作。

小丽的做法已经违反了班规的要求，理应承担责任。但是由于小丽身为班长，面对小强时，内心就有一种优越感，认为"我比你强"，老师一定会相信我的话。于是，在王老师进行检查的时候，小丽将所有的责任都推到了小强的身上。其他班干部同样不假思索地就附和小丽的说法，对小强发起"群攻"。

这是班干部和后进生之间最常见的矛盾之一，而之所以会产生这样的矛盾，很大程度上就是由于班干部认为自己的身份会受到"优待"而形成的。面对这样的情景，怎样做才能避免矛盾的产生，又可以让所有的学生都信服呢？那就是绝对的公平、公正，让所有的人都有"法"可依。

于是，王老师用公平、公正的态度，根据班规的相关规定对事情进行了正确的处理。这种做法既让班长接受了应有的处罚，同时又维护了班规的权威性，更使班干部与后进生警醒：班规是绝对公正的，是必须服从的，无论是班干部还是后进生，都不要妄想逃避责任。

有了这样的榜样，当班干部与后进生再产生矛盾时，管理中就有"法"可依了。有了明确的班规制度，后进生和班干部的矛盾也就自然减少，甚至消失。

著名教育大师苏霍姆林斯基说："让每一个孩子都抬起头来！"这句话形象地诠释了教育的"民主与平等"。因此，教师作为一个班级的直接管理者，"就事论事，一碗水端平"就是对自己最基本的要求。

俗话说得好，"世界上没有两片相同的叶子"。同一个班级里，学生的发展自然也就各有不同：有些学生在学习、纪律方面成绩优异，于是或被教师提拔、或被同学选举成为班干部，成为辅助教师教学的"领导"；而一些学生则因为这些方面表现较差，成为大家眼中的"后进生"，甚至成为班级的"拖油瓶"，班干部开展工作的"绊脚石"。

由于在班级"地位"的不同，有时是为了帮助教师收发作业，有时是为了协助教师管理班级纪律，班干部与后进生的矛盾一直就不断。面对这样的情况，教师的处理方式就具有十分重要的意义，因而也就成为学生关注的焦点。

如果教师批评后进生，学生就会认为教师在偏袒班干部，不仅伤害了后进生的自尊心，更有可能使班干部形成不良的自大心理，加速矛盾的恶化；而如果教师为了不打击后进生而批评了班干部，那么就会伤害班干部的心理，甚至会使他们在班级里失去"威信"，为班干部开展班级工作带来不良的影响。

因此，面对这样的情况，面对班干部与后进生产生的矛盾，身为教师，最重要的不是要去维护谁的利益，而是一定要做到公平、公正。这时，班规作为规范学生行为的一种制度，就成为了处理他们之间矛盾的最好方法。有了班规公正的约束，学生才愿意服从班规。

不仅如此，利用公平、公正地执行班规的方法处理班干部与后进生之间的矛盾，还可以从根本上解决双方产生矛盾的根源，那就是差异所形成的那种不和谐，即优秀生与后进生各方面的强烈反差，其中最明显的就是心理上的反差。

人活着就要有一点精神，但是如果两个精神发生了对立，那么他们之间的矛盾也就必然会显现。由于"地位"的不同，班干部与后进生存在着普遍的心理反差，于是很多矛盾就在这种不平衡的心理影响下油然而生。只有拥有了绝对公平、公正的班规管理制度，他们才能从心理上找到平衡：我们受到同等的待遇与保护。

有了这样的心理基础，班干部与后进生就会从心理上感到平衡、平等。渐渐地，二者之间形成和谐的关系，那么他们之间的矛盾也就自然不会产生。从而在班上形成和谐的气氛，同学之间互帮互助，班级自然会成为优秀的班级。

合理地处理班干部与后进生之间矛盾的最好方法就是：本着"就事论事，一碗水端平"的原则，严格按照班规制度执行。如此，不仅可以有效地解决他们之间的矛盾，更可以重申班规的公正性，使学生凡事有"法"可依。在实施时，我们首先就要做到以下几点。

1. 公正地制订班规，尊重学生差异，保护学生人格

在制订班规时，首先就要民主自由，教师要让全体学生都加入班规制

订的行列中，征集所有人的意见，然后通过研究，做出最后的结论。这样，当教师用班规对班干部和后进生进行约束、管制的时候，他们能自愿地接受而毫无怨言。

而如果只是教师或者班干部参与制订的话，一旦双方发生矛盾，而正好又是后进生的错误，那么，即使班规做到绝对公正，后进生从心理上也会认为，班规只是为了维护班干部的利益而制订的。

同时，后进生与班干部之间又存在着明显的差异。例如，他们之间存在不同的学习能力和心理承受能力。因此，教师要想公平地行使班规，解决他们之间的矛盾，那么，在制订班规时，还要注意班干部与后进生之间存在的差异，不可偏袒任何一方。尽量将奖罚制度制订得更加广泛，不仅要对班干部的特长进行表扬，同时也要对后进生的特长进行表扬。

2.公正地执行班规，给后进生同等的权利

当班干部与后进生发生矛盾时，表面上看是两个人的矛盾，但如果处理不当就会上升为两个层次学生之间的矛盾。

班干部一般都有执行班规的权利。这时，为了体现绝对的平等、公正，在执行班规的时候，教师就可以让更多的学生参与进来，大家可以根据自己的不同观点发表自己的想法，让班规执行更加透明化。如此，每一个环节都在大家的监督下进行，也就大大增加了学生对班规结果的信任度。

让更多的学生参与讨论，不仅体现了对后进生的尊重，同时也为所有参与的同学上了很好的一堂教育课。通过讨论，让他们深刻明白，每个学生都是平等的，大家应该互相帮助，而不是为一些不必要的事情产生矛盾，既影响感情，又影响学习。

3.让双方加深理解，实行角色互换、互助

班干部与后进生产生矛盾，在很大程度上，是因为不能互相理解，遇事总是以对立的心理考虑问题。因此，教师就可以利用班规让他们有更多的机会相互理解，从根本上杜绝矛盾产生的根源。

在制订班规的时候，可以制订一些有针对性的条款，帮助班干部与后进生互相了解。

（1）实行班干部轮换制

就是让后进生有机会当一次班干部。通过这种经历，让他们有机会感受班干部在辅助教师执行班规时的压力与所遇到的困难，从中达到教育与自我检查的目的。

后进生有了当班干部的经历，不仅可以增加他们的责任感，而且，当他们处理事情时也就能站在班干部的角度去思考，重新认识自己的价值，变得更加关心、热爱班集体。

（2）形成"一对一"互助式

在制订班规时，教师可以有意安排班干部与后进生结成"一对一"朋友式关系，让班干部以一个好朋友的身份去帮助、开导、影响后进生，从而建立友谊，感受对方的心理，杜绝矛盾的产生。

爱心是教师教育学生的基础，真正把每一个学生都当成自己的孩子去教育，实现公平对待。不管在什么样的学校，不管带什么样的班级，教师都不可避免地会遇到后进生，面对班干部与后进生之间的矛盾，教师不仅要有公平、公正的原则，更要关爱每一个学生，关爱与尊重每一个后进生，使他们与班干部拥有平等的地位。

正如莎士比亚所说，教育的根须是苦的，而教育的果实是甜的。教师对学生怀有真挚的爱心和铁杵磨针的耐心，时刻做到公平、公正地对待每一个学生，那么，班干部与后进生之间的矛盾就会在这种公正中得到合理解决，班规也会在这种公平中发挥最大的作用。

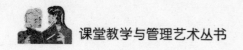

課堂教学与管理艺术丛书

抛弃歧视给"另类"学生一片阳光

在每个新学期到来时，都可以看到一些学生或转入一个新学校，或调入一个新班级。他们便是通常所说的转入生、插班生。他们转学或插班的原因是多方面的：有的因为家庭搬迁而自然转学；有的因为不适应原来的学校或班级想换个环境；有的是因为家长外来务工，而其子女也跟着到外地求学等。

当这些学生被分到各个年级或班级后，他们往往会因为刚到一个全新的环境，没有一个朋友，又不熟悉周围的一切，再加上生活习惯上的差异而显得沉默寡言。这些使他们在与其他同学交往时，存在着一定的心理障碍，对新环境也存在着戒备的心理，逐渐出现思维变异，又因为在语言和行为上显得与众不同，于是，这些学生便成了自行其是的"另类"学生。

作为教师，如果不能及时地疏导、关爱这类学生，不能给予他们一片阳光，那么，将会对他们的成长造成巨大的伤害。

对此，在教育教学过程中，老师应该努力实现教育公平，为"另类"学生撑起一片无雨的天空，应该通过班规教育使他们同样能够享受来自教师、学生的关爱和帮助。

陈锦弟老师是广东省增城市新塘镇新墩小学水南分校的优秀教师，同时她也是该校语文高级教师。在对待转入生时，陈老师没有歧视他们，也没有任由他们发展，而是抱着教育公平的原则，并在此基础上通过班规教育，使他们更好地走进新的学习和生活。

小峰是四年级的转入生，是从从化家乡学校转来的，现住在离校较远的地方。在转入新墩小学水南分校的第一次考试时，他没有及格。再加上自身的原因，小峰与其他同学在某些方面存在着很大的差异。比如，他写字做题的速度很慢，其他同学只需要一二十分钟就能完成的作业，而他却要花上一个多小时。对此，他感到很自卑，做什么都没有信心，感觉周围的同学都在嘲笑他，认为自己在这里似乎得不到关爱。

为了让转入生小峰能够感受来自教师、同学的关心和帮助，陈老师特意在一次班会上提出并制订了这样的班规：同学之间要团结互助，不能歧视其他同学；要有自信心，相信自己有能力做好每一件事；要勇敢面对自己的不足，努力弥补自己的缺陷。

除了运用班规教育学生应该互助互爱，陈老师还进一步加强和家长之间的联系，想通过和家长的沟通协作，共同关爱转入生。

小峰的妈妈头几次来学校接他时，并没有主动和老师交流，有时其他学科老师想和她谈谈话，她都是随便说两句就走了。根据这点，陈老师认为，小峰的妈妈多半是由于自己孩子的毛病特多，而不好意思和老师交流。对此，当每次看到她在等小峰时，陈老师都会主动上前打招呼，谈几句小峰最近的学习情况，重点谈小峰的进步方面。这样，小峰的妈妈就能感受到老师对自己孩子的关心，逐渐打消了心中的顾虑，和陈老师坦诚交流，并共同协商培养小峰的计划，这给小峰的转变打下了良好的基础。

后来，陈老师准备重选班干部，她想让转入生也能够参与班级管理，给他们担任班干部的机会。同时陈老师想从这方面帮助他们树立自信心，让他们能够体会到教师对他们的关爱。于是陈老师把小峰找来谈话，说"小峰，你想当班干部吗？"

听到陈老师的话，小峰一脸惊讶，吞吞吐吐地说"不……不想，再说了，我是一名转入生，学习成绩又不好，怎么能够当班干部呢？"

陈老师笑了笑，说："难道转入生就不能当班干部了吗？没有这个道理啊，你还记得我们班规中有一条是'要有自信心，相信自己有能力做好每一件事'吗？只要你有信心，我们相信你也能够当好班干部的。"

小峰略有沉思地点了点头……

在班干部重选中，小峰没有让陈老师失望，他主动竞选了劳动委员。在担任班干部期间，虽然小峰遇到了很多的困难，但是，在陈老师和其他同学的关心和帮助下，他都努力克服了。也正是在这期间，小峰有了这样的感觉：我是一名转入生，但是老师、同学并没有因此而歧视我，反而是更加关心我，给我信心，为我打气、加油。对此，他非常感动。

经过陈老师的班规教育，小峰确实进步了不少，在其他方面他也很乐意接受陈老师的教导。如今，他上学已经不用父母接送了，平时也不再迟到了，做作业的速度也提高了不少，拖拉作业的现象在他身上再也没有发生过。这样的变化，对于小峰本人来说是可喜的，对于家长和陈老师来说更是幸福的。

在陈老师的班上还有一位从外地小学转来的学生，他叫小辉。从他刚入学的那天起，似乎每天都有学生告他的状：不是上课打扰其他同学，下课在教室疯闹，就是不按时完成作业；不是随地乱吐痰、随手甩鼻涕，就是打扫教室时泼满地的水，并在地板上"滑冰"……

陈老师从他家长那儿也了解了一些情况，原来小辉的毛病特别多，还经常惹事，家长为此也经常教训他，可就是不见他改。

经过一段时间的观察和沟通，陈老师把握了小辉的心理。原来他有这样的想法：既然自己是一名转入生，在学习、生活习惯方面与其他同学肯定存在着一定的差异，自己还可能会被其他同学排斥，那自己只有表现出"另类"，才能使自己的内心得以平衡。

对此，陈老师特意把小辉叫到办公室，没有说他脏，也没有歧视他，而是用班规耐心地教导他："小辉，你最近在学校的表现很让我担心，但是我相信你会慢慢改正自己的缺点的，你对自己有信心吗？"

小辉沉思了一会儿，没有作出回答。

"我们的班规中有一条是'要勇敢面对自己的不足，努力弥补自己的缺陷'吗？"陈老师接着说。

小辉说："是的。"

陈老师说："那你敢不敢面对自己的缺点呢？"

他想了一会儿，大声说："敢！"

……

最后，陈老师说："我相信你能够改正自己的缺点，但是这样的过程是艰辛的，你一定要加油哦！"

小辉从陈老师的话中体会到了老师对他的关心，发现自己并没有受到老师的歧视，于是斩钉截铁地说："陈老师，我向您保证，我一定会彻底改变的。"

之后，陈老师继续从其他方面帮助他、关心他。在课堂上，当陈老师把目光投向他时，他总会立刻坐得端正起来；在全体学生进行大扫除时，他表现得非常积极……面对这些，陈老师都及时地表扬他，激发他的荣誉感，使他变得更有信心。

正是来自陈老师的关爱，小辉随地吐痰的坏毛病没有了，好多坏习惯也得到了改正。现在展现在大家面前的是一个全新的小辉，而展现在小辉面前的也将是一条阳光大道。

转入生是学校里的一个特殊的群体，他们在各个方面都可能会遇到困难。有的可能是自己原来的习惯与现在学校中同学的习惯存在着很大的差异；有的可能是因为自己是转入生，认为自己在教师或其他同学的眼里似乎不重要，还可能会被他们冠以"另类"的称号，故不能与其他同学融洽相处。

针对这类学生，教师应该用一颗宽容的心、一颗善解人意的心，包容他们，走进他们的心田；教师应该重视教育的公平，充分利用班规的教育作用，给他们以正确的引导，为他们铺就正确的人生之路，让他们健康成长。

案例中的陈老师正是通过班规的积极作用，使转入生小峰明白"要有自信心，相信自己有能力做好每一件事"，从而帮助小峰彻底改变自己，并让他体会到教师对他的关爱之情。

对于小峰的问题，陈老师并不是盲目处理，而是在这之前做了充分准备，通过和他的家长联系，进一步了解他的情况。其实，这里的了解是有针对性教育、教学的基础。因为教师在与家长加强联系、深化了解的同时，也可以让家长了解教师的教育理念、教育目的和教育方法，还能更好地取得他们的理解和支持，让他们协助孩子更好地进入新的学习和生活中。

在了解了小峰的一些情况后，陈老师通过班规引导他、教育他，并鼓励他竞选班干部。这无疑是给予他莫大的鼓舞、给予他一片灿烂的阳光。当然，陈老师自己也明白，与任用已经培养好了的班干部相比，任用转入生当班干部是需要付出更多的时间和精力来辅导、帮助他们的。尤其像小峰那样的转入生，平时动作就很慢、个人自理能力也比较差，让他当班干部不但不会减轻陈老师的工作量，反而会增加负担。但是，陈老师却想着给小峰一次机会，培养他的责任感，改变他不良的行为习惯，并帮助他找到体现自我价值的切入点，让他能够从中体会到老师对他的关爱。最终，陈老师让他担任了劳动委员，并不断鼓励他，进一步使他有了被尊重和信任的感觉，从而使他更加感激老师。

而在转变另一转入生小辉的时候，陈老师把握了他的心理，同时运用班规悉心教育他，帮助他逐渐改正自己的不良习惯。考虑到改正不良习惯的难度，陈老师还耐心开导小辉，取得彼此的信任，并在以后的教育、教学活动中不断鼓励他、表扬他。也正是在这样的鼓励和表扬下，小辉明白了老师并没有因为自己是转入生，没有好的行为习惯而歧视自己，反而更加关心自己，使自己能够享受同样的阳光，享受公平的爱。

其实，每一位学生都渴望自己能够引人注目，能够成为校园中开得最灿烂的一朵花，转入生更是如此。他们希望有更多的机会和途径表现自我、体现价值，希望能够得到新同学、老师的欣赏和关注。那么，作为一名教育者，应该学习陈老师的做法，给予"另类"学生更多的阳光而不应该是带有"歧视"的暴风骤雨；应该公平地对待他们，用自己的爱心为他们拭去遮挡眼睛的乌云，给他们一片明媚的阳光。

通常所说的"另类"学生，主要指的是那些思维常常不符合日常习惯，语言和行为与其他学生也不一样的学生。这类学生的举止通常使教师感到"特别"和困惑。例如，他们当中有的喜欢和老师"唱反调"，有的总是和同学勾心斗角等。

"另类"学生大多喜欢惹是生非，经常给其他同学带来困扰，同时也让老师头痛不已。用一个恰当的比喻来说，他们像是班级中的一枚炸弹，随时都可能爆炸，老师不得不时时绷紧神经，处处小心提防。

上面案例所描述的转入生只是"另类"学生中危害性较小的一类。但是不管怎样，目前，教育"另类"学生的工作已经显得异常紧迫，教师应该帮助他们把握即将失去的人生目标，帮助他们找到实现自己价值的道路。

青少年的模仿能力特别强，很容易受外界不良行为的影响。他们当中可能会有一部分学生逐渐"远离"班级，走上"另类"，例如，染上抽烟的习惯。他们认为，抽烟可以表现自己的与众不同，可以让其他同学看上去感到敬畏，从而弥补了自己原本自卑的心理。对于这类学生，教师如果不管不问、任其发展，甚至歧视他们，他们可能会继续破罐子破摔，还可能会出现比抽烟更为严重的行为，从而逐渐偏离正确的人生轨道而误入歧途。

还有一些"另类"学生，他们认为自己没有得到老师的关爱，于是采取一些比较极端的方式来对待学习，对待老师。在课堂上，他们总是调皮捣蛋，以"唱反调"的形式破坏正常的教学秩序，还和老师顶嘴，老师这样说，他们偏偏那样说。例如，老师布置作业，让学生当堂完成，其中有一道题是要求默写一段课文。这时就有一位学生开始叫唤了："怎么有这么傻的作业啊？我才不做呢！"像这种类型的学生，他们可能存在着这样的心理：反正老师从不关心我，我想怎样就怎样，和老师顶嘴、唱反调，还说明我有本事、有能耐，不像其他学生那样唯老师的话是从，这样在其他学生面前就有了炫耀的资本。针对这类学生，如果我们不能给予关爱、教育，那么，他们的这一行为将会影响他们的整个人生，使他们在以后激烈的竞争中四处碰壁，严重的甚至会走上犯罪的道路。

当然，上述学生仅仅是"另类"学生中的几个代表类型，现实中"另类"学生的群体还比较广。对于这一特殊的群体，他们在成长的过程中需要的是教师的理解和关怀，而不是歧视以及粗暴、武断的压制。

对此，教师应该清楚，面对他们，真情是亲近他们的好方式，真爱是唤醒他们的良药。教师应该充分发挥班规的教育作用，巧妙运用智慧、爱心、耐心来教育他们。在教师的关爱下，铁树也能催开花，朽木也能雕成材，"另类"学生也一定会转变的。

俗话说，手心手背都是肉。"另类"学生也是学生，教师教育学生不能有所偏颇，不能因为学生的"另类"而歧视、抛弃他们，而应该对所有的学生做到一视同仁。作为教师，必须明白，真正需要做的是付出自己的爱心，关爱这些"另类"学生。

对此，在具体的教育实践中，作为一名教育者，教师又该如何准确运用班规实现他们的转变呢？

1. 平等对待所有学生

老师应该一碗水端平，不论是成绩优秀的学生还是"另类"学生，都要公平对待。老师可以在班规中制订相关的条例，不仅要体现出学生之间的平等性，而且还要要求老师率先做到公平、公正。

以上案例中，陈老师改变原来任命班干部的方式，而采用竞争上岗和毛遂自荐相结合的方法。这样就给了每一位学生充分锻炼的机会，特别是那些"另类"学生，使他们有均等的机会参与班级管理。并通过老师的激励，使"另类"学生敢于大胆地参与竞选，在工作中能够全面发挥自己的个性、特长，挖掘自己的潜能，锻炼自己各方面的能力，并不断塑造自我、完善自我，从而使他们能够体会自己并没有被歧视，没有被抛弃，相反，得到的是老师无限的关爱。

2. 从感情入手，积极走进"另类"学生的心灵

要想走进"另类"学生的心灵，老师必须从建立感情入手，以师生之情、朋友之情、亲人之情对待他们，要相信真诚无私的爱才是教育的前提。因此，老师可以运用班规的教育作用，和"另类"学生建立起一种友好、平等的关系。当老师与"另类"学生之间有了这样的关系后，当老师摘下"有色眼镜"自然而然地把"另类"学生作为朋友时，他们一定会主动向老师吐露心迹，敞开心扉地与老师交谈。这样，他们就愿意听老师的话，对于老师的批评教育也乐于接受，从而，细心体会来自老师的关爱，并自觉改正自己的不良行为，真正做到亲其师而信其道。这时，教育便真正抵达了成功的港湾，班级也能够成为优秀班集体。

3. 唤醒他们的自信心

在班上，"另类"学生可能会受到冷嘲热讽，可能感受不到爱的温暖，融入不了集体的怀抱。因此，他们的自信心在这样的环境中早已荡然无存。而自信又是成功的保证，老师在制订班规时就应该强调这一点。通过班规教育，把更多的关心洒在"另类"学生的身上，帮助他们树立自信心，战胜自我，让他们明白老师心中永远有他们的位置，老师永远关爱他们。同时，老师还要善于发现他们的闪光点，让他们在黑暗中看到希望，让那即将熄灭的自信之灯重新点燃。

4. 积极采取激励措施

在具体的教育、教学中，老师可以通过班规实施激励机制。例如，给"另类"学生树立肯定的榜样：在班上树立起先进典型形象，以优秀

学生为楷模，让"另类"学生对照自身，找出差距，明确自己的奋斗目标。当"另类"学生有所进步时，老师要及时地、毫不吝啬地表扬他们，让他们能够体会获得成功后的喜悦。因为"数子十过，不如奖子一长"，老师的一句表扬很可能会唤起他们长眠于心的热情，会激发他们不断前进的动力，会帮助他们逐渐摘掉"另类"的帽子，走进正常学生的学习生活。

虽然现在"另类"学生比较多，但是老师真诚地对待他们，向他们奉献自己的爱心，给他们信心，并让爱的阳光温暖他们的心灵，就能让自信的种子在他们心田生根、发芽、开花、结果；老师能够巧妙地将班规与"爱心"教育相结合，能够协调各方面教育力量，这些"另类"的花朵会开得更加绚丽多姿，这个班级也会变得更富有生命力。

摒弃师道尊严与学生和谐相处

学生真正把班规落实到位很难，教师检查、确定班规的落实情况也很难。因此，一些教师发现学生违反班规的行为，尤其是情况比较严重时，往往还没把事情调查清楚，就不分青红皂白地指责、训斥学生。其实，很多时候，学生往往没有错。所以，在向学生表达自己的意见和看法时，教师应当把自己放在与学生平等的位置上，在平心静气、相互理解的气氛中，以交谈的方式进行。

师生完成了感情上的沟通，有助于达到最佳的教育目的，教师也能实现把学生培养成为栋梁之材的愿望。

浙江省平阳县鳌江实验小学优秀班主任郑小敏老师认为，"居高临下、主观臆断是师生沟通的大敌。可是在现实中，人们总是以自我为中心、以自我为标准，来看待周围的人和事。这样得出的结论难免会受到自我利益、自我经验、自我知识及自我感情的影响和局限。如果教师有这种意识与做法，在处理学生问题时，就很容易出现偏差，轻率地给学生下一个不好的主观定论。所以，要想避免发生这种情况，教师在处理学生问题时，就需要像朋友那样，先与学生进行深入沟通后再下结论。"

在班规"我是讲文明的好孩子"这一节中，郑老师明文规定"诚实守信，不说谎话，知错就改，不随意拿别人的东西，借东西及时归还"。

一天自习课上，郑老师刚走上讲台，想总结一下这个月的班规落实情况，秀媛就站起来，哭着说："老师，我妈妈一个月前买给我当生日礼物的漫画书《哆啦A梦》不见了。"

"你先不要着急，一定可以找到的。"郑老师赶紧安慰秀媛。

"那是我妈妈送我的生日礼物，我怎么会不着急？"秀媛继续哭着说。

"好！同学们，谁看到秀媛的漫画书了呀？"

郑老师接连问了好几遍，都没有人回答。

过了一会儿，秀媛的同桌素文站起来说："老师，我好像看到晓健那里有一本，不知道是不是秀媛的。"

"才不是呢！那是我妈妈新给我买的。"晓健急忙站起来反驳。

"我记得你妈妈说，你这次考试进前三才会买，可是你这次考试得了第五名啊。"

"你不信，打电话问问我妈妈，不就知道了。"晓健强硬地说，但是郑老师却看到一丝惊慌在瞬间闪过晓健的眼睛。

眼看两个学生争执不休，郑老师急忙制止道："好了！晓健说是他妈妈买的，就应该是他妈妈买的吧，我们应该相信他。其他同学还有没有线索啊？"

同学们又沉默了。

"如果没有的话，我们先总结一下上个月班规的执行情况。下课后，我再跟踪调查。秀媛，相信老师会调查清楚，尽快把你的书找回来的。"

在总结过程中，郑老师着重表扬了同学们在学习与卫生方面的班规落实情况，不点名地批评了几个经常迟到的学生。最后，郑老师说："虽然我们在班规落实上有瑕疵，但是我不希望同学们在做人方面有瑕疵。还有，我希望大家认真贯彻落实'诚实守信，不说谎话，知错就改，不随意拿别人的东西，借东西及时归还'这条班规。"

下课后，郑老师把晓健请进了办公室。

"晓健，老师刚才注意到你与素文争论的时候，脸色不太好，是不是生病了啊？"

"没有，老师。我很好。"

"那是怎么回事？是她污蔑你了吗？如果是，老师要帮助你讨回公道。因为她这样做，一方面违反了班规，说明她还不算是个文明的好孩子；另一方面，还阻碍了你当选我们的文明好孩子。"

晓健站在那里不吭声。

看到晓健的沉默，郑老师意识到可能其中有隐情，就温柔地说："晓健，你相信老师吗？你认为郑老师是个好老师吗？"

晓健点了点头。

"那你能告诉郑老师，为什么你不想让老师还你一个清白吗？你应该知道，素文今天在课堂上所说的，已经让同学们怀疑你了。如果你不把事情讲清楚的话，他们是不会相信你的。难道你想让他们打电话给你妈妈吗？如果你不说，老师只好这样做了。因为这是唯一证明你清白的方法。"

说着，郑老师掏出手机，要拨电话号码。

晓健一看，急忙制止："老师，不要！"

郑老师急忙停止按键，不动声色地问："怎么，你真的打算自己向老师说明白吗？"

"嗯！老师，其实我不是故意的。以前我向秀媛借，她不肯，我就趁她不注意，偷偷地拿了。不知道为什么，她竟然没有查找。于是，我就想看完了，赶紧还她。谁知道，我看完了还想再看，于是就又看了两遍。本来想尽快还给她的，可是后来总是因为这样那样的事情忘记。就在今天早晨，我还想还她呢。可是，因为起床晚了怕迟到，就匆忙上学来了，也忘记把昨天放在床头的书拿来了。"

"那你刚才在课堂上怎么不直接说呢？"

"我……我本来想说的，但是素文那样一说，好像是我偷的似的，而事实上，我只是借了，忘记还了。"

"晓健，你这可不是借啊！"为了让晓健紧张的情绪放松一点儿，郑老师用开玩笑的口吻说："你借人家的东西，可是人家主人怎么不知道呢？"

"可是，老师，我这也不是偷啊！因为我确实一直都想把书还给秀媛啊。"

"不管怎么说，你违反了班规中'不随意拿人家的东西，借东西及时归还'这两条。你看看，本来是想借人家的东西，却险些被人家误解为偷。好了，你明天把书拿来，老师会帮助你解决的。"

第二天早读时，郑老师私下找到秀媛说："秀媛，你的书是晓健同学未经你同意拿的，但是他绝对不是偷。他只是因为太想看那本书，而你不借给他，他妈妈又不给买，才出此下策的。如果他道歉，你可以原谅他吗？"

"老师，我也不对。同班同学借东西，有的就应该借给他。再说好东西本来就应该大家分享的嘛！你告诉晓健，就说是我借给他，自己忘记了。"

听到秀媛通情达理的一番话，郑老师高兴地说："我替他谢谢你了。"

当天下午自习课上，郑老师按照秀媛的意思向同学们汇报了一下情况，然后说道："晓健同学借东西不勤还，违反了我们的班规，为了不让自己丢面子，他还撒了谎，又违反了一次班规。但是，他能主动找到我说明情况，就说明他是个知错就改的好学生。所以，即便晓健接连违反了两次班规。但他仍然是个要求进步的好学生，同学们不要对晓健有其他看法，要尽量帮助他。"

同学们异口同声地说："放心吧！老师，我们还会像以前一样看待晓健的。"

看到老师和同学们还一如既往地对待自己，晓健不好意思地说："谢谢大家。以后，我一定会按照班规做事，不再犯类似的错误了。"

当前，有些教师与学生的关系搞得很紧张，而自己还迷惑不解。其实，虽然有学生的责任，但更多的反省还应该由教育的引导者——教师来做。

一些教师认为，既然是教育，就必须采取指责、批评、规劝等训导方式，就应该维护自己的"师道尊严"。于是，在这种想法的推动下，他们就经常板着面孔进行单调、乏味、重复的说教，而根本不给学生一点儿思考和理解的时间，也不让学生自辩，表达自己的意见。

结果，这种教育方式不但没能收到正面的教育效果，还带来了消极后果，即学生的逆反与抵触心理越来越强烈，虽然学生多数的反抗都是以沉默方式出现的，但这也不能不引起教师的思考。

教师应该明白，每一个人都希望他人尊重自己，平等地看待自己，学生必然也有这种心理。也就是说，教师只有尊重学生，与学生进行平等的沟通，接受其教育的学生才会听话，才会心甘情愿按照班规的指引做人行事。这样，班规教育才可能奏效。

正是因为懂得这一点，郑老师在听说秀媛丢失了心爱的漫画书时，才没有大发雷霆；正是因为懂得这一点，郑老师在听到素文举报晓健有嫌疑时，才没有直言相问，甚至"故意"打断了素文的"调查"。

"没有调查就没有发言权"。事情没有搞清楚之前，教师不应该轻易给任何一个学生下定论。通过细致观察，郑老师发现晓健可能拿了秀媛的书。但是，为了让晓健主动承认自己的错误，她没有直接指出来，也没有强硬地要求晓健"自首"，而是通过平等沟通，让晓健主动道出其中的原委。此外，虽然在课堂上没有找到明显的线索，但是郑老师却通过着重强调"诚实守信，不说谎话，知错就改，不随意拿别人的东西，借东西及时归还"这条班规，给可能随意拿人家东西的晓健打了一针清醒剂，即他已经违反这条班规了，但是如果知错就改，还是一个文明的好孩子。

起初，与郑老师谈话时，碍于面子，再加之已经撒谎了，晓健不肯承认。对此，郑老师没有气急地逼迫他，也没有批评他，而是帮助他分析利弊，给机会让晓健自己选择。看到郑老师如此尊重自己，晓健当然不会再固执地隐瞒下去了。于是，他就把为什么偷拿秀媛的书，以及真心想还书的想法全部告诉了郑老师。

尽管晓健违反了班规，但是郑老师还是设身处地地愿意帮助他解决问题。郑老师在指正晓健错误的同时，为了帮晓健挽回颜面，主动找到书的主人秀媛，希望她可以帮忙。秀媛理解老师的苦心，编了一个善意的谎言，协同郑老师保护晓健的自尊。当晓健明白郑老师真心为自己着想时，自然会信服班规，信任老师。

晓健做了违反班规的事情却没有遭到同学们的批评，甚至还受到了老师的鼓励。这都是郑老师与晓健沟通后的结果。如果郑老师不站在晓健的立场上思考问题，不与他平等地沟通，晓健就不会主动说出事情的原委。固然，郑老师可以通过向晓健妈妈打电话询问的方式搞清楚事实，但是这种方法的教育效果就大打折扣了，就会影响班规对晓健的约束力。也许从此晓健的自尊心会受到伤害，甚至一蹶不振。

总之，当学生出现违反班规的行为时，即使气愤至极，教师也要控制自己的情绪，摒弃以权压人的思维，平等地与学生沟通。只有这样，教师才能在教育教学中获得一个又一个的惊喜。

如今，社会的高速发展及教育改革的日益深入，给我们每位教师都提供了一个更为宽广的发展空间和舞台。同时，这也向每一位教师提出

了更为严峻的挑战。

作为新世纪的教育先锋军，教师应该思考并积极探索适应时代发展、满足学生当前需要的教育新方法、新途径，这也是教师义不容辞的责任。

沟通，在如今社会中的运用范围相当广泛，并且卓有成效。比如，有句广告就是"沟通无处不在"，教学中"对话""交流"之类的词语使用的高频率，甚至国与国之间的交流合作，都在展示着沟通的魅力与价值。

在客观实际中，对于每一个生命个体而言，都渴望得到他人的理解和尊重，都渴望他人能够平等地与自己沟通。对于正在成长和发展着的学生来说，这一点更是毋庸置疑。

教师是学生心灵的守护神。教师在面对学生的这些问题时，应该采用沟通的教育方式，并且做到善于沟通，这是对学生进行教育的有效方法之一。

那么，在教育教学实践中，沟通所体现的魅力与价值有哪些呢？

1. 沟通是教育工作的基石

教育教学实践已经很明确地告诉我们，了解学生是教师开展所有工作的良好开端，也是教师进行创造性工作的坚实基础。沟通是全面、真实地了解学生的有效方法之一，教师应与学生推心置腹地平等沟通。比如，和学生本人或者与其关系密切的同学、伙伴进行面谈、书信及电话沟通等，都可以得到该学生的第一手资料。

如果教师抓住一切有利时机与学生进行及时、有效的沟通，尽快掌握他们的生活经历、学习历程、性格特征、行为习惯及家庭背景等信息资料，就会在教育学生时，处于主动地位。只有这样，才能真正地实现因材施教。

2. 沟通是改善师生关系的润滑剂

嘴唇和牙齿是相互依存的，但是它们却也避免不了发生摩擦和碰撞。同理，学生与整天和他们打交道的教师，发生矛盾也是必然的。但是，关键的不是师生会不会产生矛盾，而是教师要采取何种方法化解矛盾。善于与学生沟通，让沟通架起一道师生间的桥梁，就是一个很好的改善师生关系的方法。

譬如，在教育违反班规的学生改正不良行为、依照班规行事的过程中，如果教师只会黑着面孔，生硬地强制学生落实班规，而不懂得平等地与学生沟通，了解学生违反班规的内在原因，学生就会产生抵触情绪。但是，如果教师在指出学生错误的同时，通过沟通了解学生违反班规背后的原因，这样，就可能让学生换一种眼光看教师，给教师一个全方位、较为客观的评价，进而愿意接受教师的教导，心甘情愿地执行所制定的班规。

沟通可以拉近师生之间的心理距离。学生只有在"亲其师"时，才能"信其道"。因此，在说服学生遵守班规或者改变学生对班规的不良看法时，教师只有想办法让学生尊重、信任、亲近自己，教育才能取得成效。

3. 沟通是教师工作的明镜

沟通可以使教师全面了解学生，同时能让教师了解到自己工作的得失与对错。有心的教师总是善于通过与学生进行直接或者间接沟通，及时了解自己的工作情况，总结工作中的经验教训，找到适合学生的教育方法，而不是照搬书本中的条条框框。

比如，有个学生不尊重自己的数学老师，这通常是违反班规的行为。而这个学生不尊重数学老师的原因，是该老师没有尊重他，甚至在课堂上对其采取了一些侮辱性的措施，用贬低他的言辞挫伤了他的自尊。这样，该学生当然不会尊重自己的数学老师了。

如果班主任不明其因，就对学生进行训斥、指责，强制他向数学老师道歉。这样，即使形式上奏效，也只能是治标不治本。但是，如果能通过沟通了解实际情况，他就不会采取强制的手段逼迫学生，而可能会换用其他的柔性方法去教育、说服该学生。同时，班主任也会反思自己在平时的教育过程中，有无未查明事实就教育学生的情况，从而在以后的教育中，更加重视与学生的沟通，以免伤害学生的自尊心。

由此可见，沟通是教育成功的必由之路，它的教育魅力与价值是无穷的。沟通有助于师生相融，师生关系也能和谐。在教育实践中，教师只要不断地挖掘沟通的魅力，教育就会取得令人欣喜的成果。

与学生进行平等的沟通，确实是一种非常不错的教育方法，应该贯穿教师工作的始终。那么，在教育教学实际工作中，教师需要怎么做，才能展现出沟通的教育魅力与价值呢？

1. 努力创设良好的沟通氛围

教师在按照班规处理学生违纪情况时，要注意不能狠狠地批评学生，或者直接采用惩罚机制对学生进行惩罚等强制性教育手段。

当学生犯错时，心情是比较紧张的。这就需要教师缓和一下学生的情绪，与学生进行一次心灵的沟通，帮助学生找到自己不愿意执行班规或者经常违反班规的问题症结，继而再加以正确、有效地指导。

在与学生沟通时，教师不妨给点微笑，用柔和的语调，必要时还可以请学生坐下来，与自己展开一次轻松的交谈。那么，教师真诚、爱惜的态度，即便一个对学生充满爱意的眼神及动作，都会在学生的心底掀起波澜，让他们心头微微一热，使他们从心底里认同教师的观点，承认自己的错误，进而甘愿接受教师的指导、班规的约束。

2. 教师应根据学生实际情况循循善诱

在处理学生违纪情况时，教师要以学生的实际情况或者相关事实为依据，对学生进行教育引导。

比如，某学生经常违反"不打架、不骂人"的班规，在班主任多次教育后，仍然没有多大改变，依然在情绪激动时控制不住自己的手脚。一次，他又违反了"独立按时按质完成作业"的班规，没按时完成作业，被班主任请到了办公室。此时，班主任老师没有直接斥责他接二连三地违反班规、蔑视班规的行为，而是认真地与其沟通，询问他没完成作业的具体原因。接下来谈了谈不完成作业对学习的危害，最后又谈到违反班规的行为对他以后发展的不良影响。通过这样的沟通教育方式，该学生逐渐认识到自己的错误，并表态坚决改正。

3. 不戴有色眼镜看学生

教师平等地与学生沟通时，还要表现出一视同仁、不厚此薄彼的态度。当教师开始关注每一个学生的生活和内心时，就会发现每一个学生身上都会有优点与长处。

而与此同时，因为教师的关注，学生能感受到自己与他人的平等地位，也会敞开心扉与教师沟通，说出自己的真实想法。

时代的发展会带动个体的发展。在新时期，学生身上自然也融入了太多的新元素。因此，新时代的教师绝不能用老眼光看学生，绝不能仅限于传统的教育方法，而应该积极钻研能够满足现代学生需要、学生乐于接受的教育方法。这样，教育效果能事半功倍，班规也会真正发挥作用。

不拿班规当摆设

在班规的执行过程中，教师应该及时检查学生具体落实班规的情况，并依据班规的奖惩条例对学生的言行积极地进行评价，或者作出肯定性的鼓励评价，或者纠正学生有违班规的言行，使学生能把班规始终作为约束行为习惯的标准。这样，学生执行班规的情况就会越来越好，而班规才不至于成为摆设。

河南省安阳市第二十中学优秀教师白培顼认为，班级管理要讲诚信，正所谓有承诺就要兑现，有班规就要执行，有布置就要检查。因此，在班级管理中，白老师非常注意通过及时的检查、积极的评价，帮助学生贯彻落实班规。

白老师的班有十条班规。这些班规都是针对学生平常最易出现的行为习惯而制定的，有利于培养学生良好的行为习惯。

对于像"上课认真听课，不乱讲话，不顶撞老师，积极回答老师的提问，不做与上课无关的动作"这样的条款，白老师都是在上课期间，根据学生的表现进行随机检查与及时评价。

一天语文课上，白老师带领学生一起读课文。正当大家都读得很认真时，突然传来一声"汪汪"的狗叫声。顿时，全班一片安静，开始扭头寻找声音的来源。

此时，坐在教室后面的男生小朗满脸通红，而他的手正匆忙从桌膛里抽出来。

"小朗，你刚才干什么了？"

"我……我……"小朗支支吾吾地不肯说。

白老师走过去，往小朗的桌膛里一看，原来是一只电子狗。

"小朗，背一下我们班规的第二条规定。"白老师不动声色地说。

"我们班规的第二条是上课认真听课，不乱讲话，不顶撞老师，积极回答老师的提问，不做与上课无关的动作。"

"你做到了吗？"

小朗不说话。

"那你认为你刚才的行为是正确的吗？"

"不正确。"

"那你具体违反了哪一点呢？"

"上课认真听讲、不做与上课无关的动作。"

"好了，既然知道了，我就不追究了。希望以后上课时，你能够严格要求自己，做到班规第二条的要求。"

小朗点了点头，开始认真听课了。后来又经过白老师两次及时检查与评价，上课总是爱走神、做小动作的小朗有了很大的改进，能够认真听课了。

白老师班的班规第四条规定：按时主动打扫卫生，并保持教室内外卫生、整洁、优美，废纸要扔到纸篓内，见到地上的废纸要主动捡起来放进纸篓内，养成良好的卫生习惯。

在落实这条班规的过程中，白老师主要联合卫生委员、值日生进行检查。

那天早晨，卫生委员小佳到校比较早。她刚推开教室的门，发现正在写作业的男生启文随手就把从作业本上撕下来的废纸揉成团，丢到了地上。

"启文同学，昨天放学，盈盈好不容易打扫干净的，怎么你一大早就丢垃圾啊？请你把废纸丢到纸篓里，可以吗？"

"就一张纸而已，值得这么小题大做吗？"

"可是，你这是违反班规的行为啊！如果我这次不提醒你，你下次还会丢，还会违反班规。那样的话，我们的班规对于你，不就成摆设啦？"

"呃，好像是。我捡起来就是。"说着，启文就把刚才丢弃的废纸捡起来，扔到废纸篓里去了。

第二节课上，白老师发现学生佩佩脚底下一片污渍。佩佩的脚还在那里蹭来蹭去，脏极了。白老师正想告诉佩佩下课拿拖把拖拖，但是考虑到正在上课，就暂且放下。

下课后，白老师叫住要跑出去玩儿的佩佩："佩佩，你椅子底下是什么啊？怎么那么脏？"

"是我喝的可乐。不小心给洒了。"

"那你赶紧拿拖把弄干净，座位旁边不干净，自己感觉也不舒服啊，你说对吗？老师相信你能按照班规行事。"

佩佩冲白老师笑笑，说："老师，我马上就去打扫。"

下午放学前，白老师特意点评："今天下午，我们的卫生保持得很好，说明大家都很重视班规第四条，并把它落实到位了。我希望大家以后天天像今天下午这样，注意保持班级卫生的整洁。"

经过卫生委员与白老师及时的检查与评价，启文与佩佩很有感触地说："如果不是你们的及时提醒，我们还意识不到自己犯的错误呢！希望班干部和老师及时提醒帮助我们。这样，我们就能认真改正，真正落实班规啦！"

在班级管理中，要坚持"以人为本，自主管理"的原则。这就要求教师给学生提供一个展示平台，所有事情尽量让他们自己去做，让他们自己去管理自己；调动学生自我管理的潜能，发挥每个学生的主人翁精神，使他们人人都主动地参与班级事务，做班级的主人。

因此，教师在教育学生时，应该利用班规规范、引导学生，充分发挥他们的自主性。教育学生的目的是帮助他们成为学习自主、生活自理、工作自治的人，是帮助他们学会自我管理。

但是，要让学生学会自我管理，就必须让他们知道什么是自我管理，以及怎样做才能做到自我管理。具体到班规上，就是自觉地依照班规行事，自觉地用班规约束自己的言行。

对此，白老师认为，班规制定了，就必须落实，不能有名无实地当摆设、走形式。同时，白老师认为落实班规的重要手段之一，就是关注学生的一举一动是否符合班规，及时检查学生班规的落实情况，并作出相应的评价。

在检查班规执行情况时，白老师主要采取了随时亲自检查与联合班干部检查两种方法。

白老师认为，班干部是教师的左膀右臂，在班级管理中，尤其是监督班规的执行时，需要他们的帮助。教师不可能随时随地地监督每一位学生。因此，在管理学生时，白老师尽可能地调动学生干部的力量。

比如，启文乱丢废纸这一违反班规的行为。如果不是班干部及时发现并进行适当的批评，他可能还意识不到这是犯错，更不要说把已经丢的废纸重新捡起来放进废纸篓里了。这样，在班干部的监督下，最起码在保持卫生清洁方面，启文可能会在一段时间内把班规中的相应条款落实到位。

虽然学生干部甚至普通学生可以检查、评价其他学生与班规相关的言行，但是教师对学生的教育管理毕竟更有权威。因此，在班规的落实过程中，教师同样不能懈怠，而应该寻找一切机会，去检查、评价学生与班规相关的言行。

比如，学生小朗上课玩电子狗这一违反"认真听课"班规的行为。虽然班规中明文规定，学生要"上课认真听课，不乱讲话……不做与上课无关的动作"，但此时，如果是学生突然指出小朗的行为错误，那么该学生本身就有没认真听课之嫌，或许小朗还会漠视他的评价。此时，最适合及时对小朗行为提出否定性评价的，非当时讲课的白老师莫属。

有时学生干部可能没有发现学生违反班规的行为。而此时，如果教师发现了，就应该及时提出来，并根据学生行为作出相应的评价。

比如，佩佩椅子底下的污渍，学生干部并没有发现，这样佩佩可能就会产生侥幸心理，或者对"保持教室内外的卫生、整洁、优美"产生漠视心理。不管哪种心理，都说明佩佩没有认真落实班规，都会使得班规成为摆设，不能发挥其作用。因此，白老师在发现之后，就选择了恰当的时机，对佩佩的行为进行了评价，让佩佩意识到了自己的错误，并且真正重视班规。

可见，教师对学生执行班规言行的及时检查与相关评价，会引起学生对班规的重视，会让学生明白自身行为是否正确，是否与班规一致。这样，他们就会知道如何去执行班规了，也能使班规真正地发挥作用，从而班集体也有可能在班规的作用下成为优秀班级。

评价是推动学生积极执行班规，依照班规行事的重要手段。它的导向、反馈、诊断、调控作用，以及对学生个体的影响，通过日常的教育教学实践，教师都有很明晰的认识。

由此，教师在落实班规，检查学生班规执行情况时，要重视评价手段的使用。那么，运用评价手段时，教师需要注意哪些方面呢？

1. 进行及时的评价

每个人潜意识里都渴望得到他人的赏识与认同，所以在检查班规的落实情况时，教师需要及时对学生的执行情况作出恰当的评价，尤其是鼓励与肯定的评价。

比如，当有学生做了好人好事时，教师就应该根据具体情况，并结合"主动帮助有困难的人"这一班规，及时给予肯定性评价，让学生产生继续做好人好事的动力，坚定自己按照班规行事的决心。

而对于学生的违规行为，教师也应该及时给予否定性评价，以尽快帮助学生认识错误，并尽可能地改正，从而使他们能够认真地贯彻落实班规。

2. 评价时，情感要愉悦

落实班规、依照班规行事需要学生自觉自愿。对于学生来说，认真贯彻落实班规不能缺少良好、积极的情感支撑。所以，教师应以积极的态度支持学生，让学生在愉悦的状态下执行班规。如果教师冷漠地对待学生的班规执行情况，就会淡化学生的守规意识，甚至会使他们不认真执行班规。这样就更谈不上借助学生对班规的良好执行来打造优秀班级了。

为此，对于学生的任何守规行为，教师都要态度明朗，全力支持，通过积极评价，使学生能在被夸奖的愉悦中积极地去落实班规。

3. 选择实用的评价方法

对学生的评价，要注意选择恰当的方法，这样可能会达到事半功倍的效果。教师可以采用口头评价、书面评价等方法。口头评价简易可行，及时实用；书面评价容易使学生欣然接受。

4. 评价内容要明确

对于学生班规执行情况的评价，内容必须明确。这样可以使学生明白自己怎样做才是真正地落实班规，怎样做是违反班规。如果教师的评价过于宽泛、模糊，学生就难以明白教师说话的目的、用意，从而使评价失去意义。

教师如果想表扬学生表现得不错，最好针对该学生执行班规的具体情况进行表扬。比如，他今天按时完成作业了，今天值日做得比较好，等等。

5.评价参与者可以多元化

通常认为对学生的评价就应该由教师进行。诚然，教师应该站在评价学生的重要位置上，从整体上比较全面地把握对学生的评价。但在事实上，从班规执行的特殊性、学生的现状及长远发展来看，评价者可以是教师，也可以是学生，还可以是家长。评价主体的多元化，更有利于班规的落实，并使班规的落实得到及时检查，更能显示评价机制的合理性。

6.注重评价的发展性

在教育教学过程中，教师对于学生班规落实情况的评价，既要注重对结果的评价，更要看重对过程的评价，使评价科学合理、恰到好处。学生落实班规的目的就是发展自己、提升自我。学生的认知与能力有待提高，所以教师要注意对他们的努力过程进行鼓励性评价，对他们要有一个良好的期待。

总之，教师在检查学生班规执行情况时，应重视评价的作用，并运用科学的、恰到好处的评价机制，使班规真正落到实处。

一个有经验的班主任说："如果你是新班主任，千万抓住第一个月，这是形成良好班风、学风的关键时期。"其实，贯彻落实班规又何尝不是如此呢？

要想让班规真正发挥作用，教师就应该及时检查学生落实班规的情况，并且积极地对学生的言行依据班规作出恰当评价。这样，学生能通过教师的检查与评价，认清自己与班规要求之间的差距，进而更好地执行班规，利用班规提高自己，进而促进整个班级的发展。

那么，教师可以通过哪些方法对学生落实班规的情况进行及时的检查与评价呢？

1.小组交换检查

通常，各个班级都会分成若干个小组，每个小组都会有一名小组长。这些小组长是班干部的辅助力量。对于一些班干部无暇管理或者管理不过来的琐碎事情，教师完全可以交给各个小组长，由各个小组长进行交叉检查、相互评价。此外，对于本组内部的事务，各个组员也可以互相检查、互相评价。

2. 班干部检查

每个班级都有班长、学习委员、文体委员、卫生委员、纪律委员等，要想及时检查班规的落实情况，教师可以适当放权，让班委会的这些成员代替教师去执行部分评价任务。比如，纪律委员可以执行纪律方面的检查任务。

以某班班规为例。

早自习：提前1分钟进入教室，准备好学习用具，等候老师上课。违者每人扣1分。

课间：课间追逐打闹者每人扣2分。

中午、下午自习课：纪律委员监督检查，凡是无故说话者每人扣1分。

上课期间如果受到任课老师点名批评的，每人扣1分，特别严重的每人扣2～3分。

无理顶撞班干部，妨碍班干部执行公务者每人扣5分。

这则班规在纪律方面规定得非常细，纪律委员完全可以担当检查、评价的重任。

3. 教师亲自检查

评价学生，对于教师的教育教学工作来说是至关重要的。因此，在日常的教育教学实践中，教师可以针对学生的行为，以班规为准则，作出适时而恰当的评价。

教师通过检查，及时把握学生的班规落实情况，并积极地作出评价。这样，就会让学生及时明白自己的言行是否与班规相符，从而更好地执行班规，让班规发生作用。

4. 师生"联合"进行常规检查

常规检查是日常教育教学中重要的，也是能体现班规落实情况的方式。因此，对于日常的纪律、卫生、学习等相关方面进行常规检查，并及时作出评价，是真正贯彻落实班规的重要举措之一。

在检查前，教师有必要按照学校精细化管理要求或者班规中的细则要求，一一详细具体地把检查标准提前传达给常务班长、值日班长、值勤组长等各个责任人，然后由他们对具体常规事项进行检查，依照检查标准及时地作出相应的评价。

在他们检查过程中，教师可以随时进行监督、检查，并作出适当的评价。同时，教师还可以对各个责任人的检查标准及评价作出评价，以便使他们在以后的检查、评价中做得更公正、准确。

优秀的班集体是在班级活动中产生的，而班级活动是在班规的规范、引导下进行的。因此，要想保证班级活动的正常、顺利进行，教师除了要精心设计每一个活动，还需要重视评价学生在班级活动中的表现，需要及时检查班规在活动中的落实情况。

形成性评价、终结性评价

新课改理念要求教师注重对学生的情感、态度、价值观等方面的综合评价。评价的目的在于让学生清楚地知道自己在参与学习过程中取得的成绩，以及认知的程度、行为的对错，从而激发学生的学习兴趣，培养他们勇于探索、勇于创新的精神。因为学生获得知识的过程是在富有创造性、独立思考的前提下完成的，所以教师要为学生创造良好的学习氛围，提供进行思考的独立空间。

教师通过灵活地运用各种评价手段，引导学生不断进步，鼓励学生进行认真、大胆的思考，让学生能真正意识到班规的作用，逐渐由被动遵守班规转变成主动维护班规，让班规的作用全面发挥出来。

对学生来说，评价可以作为进一步激励他们遵守班规的动力。

每学期一开学，宜宾市东方红小学的李玉惠老师就与同学们一起在语文课本的扉页上，制作一张"好习惯好行为"红领巾储蓄卡，并告诉同学们："你们的爸爸妈妈有银行储蓄卡，那是存钱取钱用的，我们小朋友有'红领巾储蓄卡'，是用来记载我们的好习惯好行为用的。"

李老师为学生准备了很多的印章，有爱心章、红花章、星星章……只要学生有了好的表现、好的行为就能盖章。比如，开学前主动来校打扫教室的盖"爱心章"，参加数学节的盖"智多星章"，制作手抄报、动物卡片等的盖"巧手花章"，考试进步的盖"进步花章"，参加课本剧表演的盖"展示星章"……得到奖章的理由大到为班级增光添彩，小到一次工整清楚的作业、一个精彩的发言等。对于某些同学，只要能按时回家，不用被老师留下来也能得花、得星。这种灵活机动、变化多样的评价方式很受学生欢迎，因为他们只要稍微努力一下就能获取奖章了。在学期结束的时候，李老师就以这个"好行为好习惯"记载卡为依据来评价一个学期中学生的表现，"三好学生""各项标兵"就自然产生了。

评价也是一个连续性的活动。它关注的是教育对象学习发展的全部过程，贯穿教学的全过程。所以，不仅要有总结性评价，更要有形成性评价。尤其在日常教学的形成性评价中，只要教师有意识，就可以通过观察、交流、作业、实验等多种活动，及时获得一些有价值的反馈信息，在错误尚未发展成习惯之前就及时地予以纠正。

因此，李老师在她所带班的班规里设置了一系列的评价制度。

在作业方面，如果抄写本上本次的作业等级是优加星，那么下次的作业量就可以减半，词语该抄写两遍的，只要抄写一遍就可以了；如果等级是良的话，下次的就要翻倍。习字册如果等级是良的话，下次就要先用铅笔写一遍给老师看，然后再用钢笔描写一遍。学生都明白如果不好好写，就要挨罚，不仅失去了很多玩的时间，而且还要挨批评，好好地写就能获得少写作业的奖励。于是，"端端正正地写作业"这条班规就在班里的每个学生心里扎根了。

在课堂上，发言是衡量学生听课质量的重要表现。李老师变着法儿地鼓励学生多开口，有时甚至软硬皆施。对于那些原本表现欲望较强的学生，她就把"智多星""你真棒"做成帽子给他们戴上，并且鼓励他们像老师一样去评价其他同学的发言；而对于胆小的学生，李老师常常用鼓励的眼神看着他们，鼓励他们举手，鼓励他们开口。她会一连几天，甚至一连几个星期都关住他们，把他们的名字像唱山歌一样挂在嘴边。只要他们有一点儿进步，李老师就会对他们翘起大拇指，或者走上前去摸摸他们的头，其他同学也会用热烈的掌声给他们鼓励。就这样，李老师所带的班积极发言的学生多起来了。他们不仅能够注意倾听老师和学生发言，及时作出评价与补充，而且能够大胆质疑，对课本质疑，对老师的讲解质疑。事实上，他们的疑问很多是有道理的、有价值的。当他们的疑问得到了大家的认可时，洋溢在他们脸上的笑容是那么的灿烂，他们学习的积极性就自然而然地提高了。

李老师认为，教育评价具有综合性，人的行为也是一个统一的整体。因此，对人的行为作出的评价自然也应是综合的。老师应该关注学生兴趣、情感、态度、价值观等多个方面的发展，运用多样化的评价手段促进学生的自我发展。

　　"评价"是学校教育教学活动中的一个重要环节。教育在改革，教学在发展。随着素质教育的进一步发展，教育对学生和教师的要求就更高了。而多样化的教育教学评价手段能有效地促使学生积极主动地去获取知识、锻炼能力、培养自信、发展自我。学校要建立评价学生全面发展的指标体系，不仅要关注学生的学业成绩，而且要注重发现和发展学生多方面的潜能和特长，如学生的道德品质、学习的愿望和能力、交流与合作、个性与情感、创新意识和实践能力等。要采用灵活多样、具有开放性的评价方法，要关注过程性评价，帮助学生认识自我、建立自信，激发其内在的发展动力，使学生全面发展、健康成长。

　　李玉惠老师的评价很有独创性。她很善于从学生的反馈信息中发现其中的闪光点，并创造性地实施评价。在日常教学的形成性评价中，李老师创造性地把评价物化为爱心章、红花章、星星章等实物形式，这种生动有趣、变化多样的评价方式能有效地促进学生遵守班规，努力学习，进而在班里形成良好的学习氛围。

　　同时，她还在班级里设置了一系列评价制度。这些制度很好地激励了学生，做得好不但给予肯定，还能减少作业量；做得不好，就增加作业量。这样一来，每个学生都有了前进的动力，在学习中力争上游。在课堂发言方面，李老师还运用鼓励和压力两种办法、双管齐下的方式，让学生找到积极发言的乐趣，从而享受课堂学习，也提高了听课质量。

　　每个学生都有自己的特点，只要有合适的环境，他们就能发挥出自己的潜能；每个人都是平等的，只要教师公正地对待，他们就能在自己的位置上发挥最佳作用。在教育教学中，可能教师一句表扬的话，就会激励一个学生不懈努力，甚至会改变他的一生；也可能因为一句不恰当的评价伤害学生的自尊心，致使学生失去自信心。从以上的案例中，不难看出李老师在尊重学生的个体差异，运用正确、科学的评价方法方面的努力。李老师通过努力，在班里营造出了轻松和谐的气氛，从而全面提高了课堂教学效益，提高了学生的学习素养。亚伯拉罕·马斯洛（Abrahan H.Maslow）说过，"每个人在出色完成一件事后都渴望得到别人对他（她）的肯定和表扬，这种表扬就是激励人的上进心，唤起人的高涨情绪的根本原因。"由此可见，课堂教学中的评价并非"盖棺定论"，而是促进学生"长善救失"的一种教育手段。李老师对学生的评价唤起了学生的自信，激发了学生进一步参与的动力，促进了学生的发展和完善，体现了"一切为了学生发展"的教育理念。

通过灵活多变的评价手段，学生的生活和学习习惯逐渐向班规靠拢，在班规的约束下形成了良好的学习和生活习惯。与此同时，学生还可以及时了解自己的学习情况，了解自己的进步与不足，从而调整学习计划，形成正确的学习预期，认识自我，树立信心。

教师在使用各种评价手段时，应以促进学生全面发展为根本目的。无论是学生触犯了班规还是遵守了班规，教师都要及时采用适当的评价手段进行批评或者鼓励。

教师在使用各种评价手段的时候应当遵循以下几个原则。

1. 导向性原则

导向性原则就是从全面贯彻党的教育方针，培养全面发展的人才这一目标出发，依据《新课程标准》的精神，确立实施评价。教师无论是采用何种评价手段都应该充分体现新课程理念，以人为本，面向全体学生，体现基础性和发展性。在评价过程中，教师应积极引导学生了解自己，发现潜在能力，建立自信，转变学习方式，实现可持续发展。

2. 全面性原则

全面性原则就是要全面贯彻党的教育方针，从德、智、体、美等方面综合评价学生的发展，培养学生高尚的道德品质和良好的公民素养，终身学习的愿望和能力，以及健壮的体魄、良好的心理素质、健康的审美情趣，实现评价内容的多元化。教师要以各学科课程标准为依据，制定学科具体评价目标，体现"知识与技能""过程与方法""情感、态度与价值观"三个维度的整合，全面落实各项评价内容，促进学生的全面和谐发展。

3. 全体性原则

教师在教学过程中，要面向全体，给不同层次的学生提供参与的机会，并且使学生获得不同程度的发展。评价一定要体现全体性原则，即评价目标中一定要兼顾各类学生；对学生要求的高低，要注意层次性。

4. 发展性原则

把发展作为对学生评价改革的核心，通过评价的功能、内容、方式方法、主体参与等方面的改革，凸显评价的激励、反馈、调整和改进功能。坚持用发展的眼光看待学生，既要看到学生现有的发展水平，更要发现学生潜在的发展可能性；既要重视结果，更要重视变化和发展的过程。激发学生自我发展的主体意识，让所有学生在自己原有的基础上都能得到发展。

5. 有效性原则

有效性原则就是根据评价内容，采取多种有效手段全方位了解学生的发展情况，实现评价方式的多样化，做到量化评价和质性评价相结合，形成性评价和终结性评价相结合，纸笔测验和其他多种方式相结合，从不同的侧面了解学生。

6. 激励性原则

这就要求教师在对学生进行评价时，必须超出和突破传统的以"这个问题你答对了""不对，坐下来，再想一想"这些无意识的简单化的评价。教师应积极构建能对学生学习活动有激发作用，使学生保持长久的、积极的情感和态度的课堂发展性评价体系。在评价中教师应特别注意评价对学生的情绪的影响，注重感情的投入，用简短、恰当、热情的语言对学生给予鼓励。例如，"你确实有自己的见解""你很聪明，相信你下一次会回答得更好"等，以这种语言来激励学生，使学生感受到成功的喜悦。教师对学生的评价语言，以及学生对其他同学的评价语言，要富有感染力，以事实说话。例如"你的想法与他人相比确有独创性""看你读得比老师还好""他答得确实比我具体""他这样分析确实比我深刻""我真不敢相信这是你写的，你进步太大了"，等等。

总之，教师在依据班规对学生进行评价时，要遵循以上原则，对学生作出及时、灵活的评价，班规在班级管理中就能充分发挥作用，从而打造出优秀班集体。

大多数家长和教师把卷面考试视为评价的全部，其他的评价手段很少涉及，有些家长和教师甚至不会使用其他的评价手段。其实，课程的卷面考试不是评价的全部，只是很小的一部分。在学习和生活中，评价无处不在。只要对学生成长有利，教师可以随时随地地使用多种评价手段，也可以根据实际情况灵活应用评价手段。常用的几种评价手段如下。

1. 形成性评价

所谓形成性评价就是"对学生日常学习过程中的表现、所取得的成绩，以及所反映出的情感、态度、策略等方面的发展"作出的评价，是基于对学生学习全过程的持续观察、记录、反思而作出的发展性评价。其目的是激励学生学习，帮助学生有效调控自己的学习过程，使学生获得成就感，增强自信心，培养自己的合作精神。形成性评价使学生从被动接受评价转变成为评价的主体和积极参与者。

（1）形成性评价是在学生日常学习过程中进行的评价，是侧重对过程的评价。形成性评价重在了解学生在学习过程中付出的努力、获得的进步，以及在发展中存在的问题，帮助教师适时调整发展目标，改进教学策略，对学生进行有效指导，提高教学质量。形成性评价的目的是帮助学生体验成功，形成积极的态度，良好的习惯，科学的探究精神。

（2）形成性评价是动态的，评价方式具有较大的灵活性。形成性评价有机地融入教学过程中，其方法的设计注意科学、易行、活泼、多样，根据评价的需要，灵活地选择观察、访谈、问卷、课堂即时评价、竞赛、作业批阅、测验、成长记录等方式，以全面反映学生的发展状况。

（3）形成性评价的重要方式是成长记录。教师要为每个学生都建立相应的成长记录档案。成长记录能够反映学生基础性发展以及学科学习的过程和结果。成长记录的档案资料可以是多方面的，如学生的自我评价、最佳作品、社会实践记录、体育与文艺活动记录、来自家长的反馈信息、考试和测验的信息等。

（4）形成性评价主张在分层次教学中实行分层命题的方式，不同的学生使用不同的试卷。成绩不合格者可根据学生本人的申请，教师给予其补考的机会，让学生体验成功，增强自信。

2. 终结性评价

终结性评价是指在学期、学年末结束时对学生进行的全面评价。

（1）在学科学习目标的终结性评价方面改变纸笔测验的单一方式，采取多样的评价方法。如考试（包括书面、口头、实践操作等多种形式）、表现性任务、对成长记录的总结评价等。考试是学生学业成绩评定的重要手段，但不是唯一的手段。考试命题要体现基础性，避免偏题、怪题。加强考试内容与社会实际和学生生活经验的联系，重视考查学生独立思考和解决问题的能力及实践操作的能力。部分学科也可以采取开卷考试、开闭卷结合考试等方式。增强试题表述方式的亲和力，体现对学生的人文关怀，消除学生对考试的恐惧感，让学生获得成就感。

在分层次教学中还强调关注个体差异。根据各学科的特点，教师可采用分项、分步测试的方式。在部分学科、部分项目中，教师可以让学生选择考试的内容和形式，让他们有更多的机会展示自己的优势、兴趣爱好，以自己擅长的方式展示学习的成果。

（2）学期、学年终结性评价的结果以报告单的形式向学生和家长反馈。内容包括基础性发展评定、学业成绩评定、兴趣和特长以及评语。班主任评语应该多采用激励性语言，客观捕述学生的进步、潜能及不足，提出明确、简要的改进意见。

综上所述，在班级管理中，教师要注意把形成性评价和终结性评价有机结合起来，对学生进行及时、准确的评价，使学生从老师的评价中体验到成功，认识到不足。这样，班规的效力才能得到最大限度的发挥，才能促进优秀班集体的形成。

班主任班级管理中的哲学

班级管理概论

一、班级管理的内涵

管理是有目的、有意识地对事、对人、对财、对物的不断协调的综合性活动，它是按照一定目标，通过计划、实施、检查、总结等过程来进行的。管理活动和教育人的活动是密切联系在一起的，尤其是对学生的管理，每项活动无不渗透着教育的因素，离开教育对学生的管理是没有意义的。可以说教育才是目的，而管理是手段。对班级的管理包括以下的含义。

（1）这是一种有目的、有组织的班级学生群体的活动，不是班主任"管"学生的活动。

（2）这是一个不断发生变化的动态的过程，因此要不断地调整与协调。

（3）这是以一定的目标为方向的综合性活动，因此要顾及各种因素。

班级管理是指班主任按着一定的要求和原则，采取适当的方法，构建良好的班级集体，为实现共同目标不断进行调整和协调的综合性活动；或者说是班主任对所带班级的学生的思想、学习、生活、劳动、课外活动等各项工作的管理；有的国家称班级管理为"教室管理"。美国教育行政专家古拍列说，教育行政集中于三种人的工作：第一种是教室内的教师，管理学校教室内的工作；第二种是学校的校长，主管一校的组织行政监督事宜；第三种是教育行政机关的长官，担负许多学校的组织行政与监督之责。班级管理作为学校管理的一部分，担负着班级内部的各项工作的管理。

班级管理是在校长领导下的管理工作，管理者主要是班主任，管理的范围只限于一个班级，在学校管理的三个层次中（即高层管理，由校长、副校长实施，是学校管理中的决策层；中层管理，由教导主任实施，是学校管理中的监督层；基层管理，由班主任实施，属工作层），属被领导、被监督的最低层次。班级管理中，班主任只有相对的独立自主权，与校长、教导主任的关系是被领导与领导的关系。

班级管理的重要性在于学校的总体目标的实现，学校规划和规章制度的实施、校长的决策和意图，都要由班级管理来实现，来贯彻落实。校长决策的正确与科学、学校规划与规章制度的合理是班级管理的前提；班主任对班级管理的成效和完善是办好学校的基础。所以校长、教导主任与班主任既是领导与被领导的关系，又要与上级领导及行政部门相互支持、协调一致，尤其是班主任老师要充分发挥班级管理工作的主动性和积极性。

首先，班主任在实施班级管理过程中，作为班级的组织者和领导者，应把握班级管理的目标，以教育方针为指向，发挥在班级管理工作中的主导作用，采取科学的管理方法，与学生建立良好的关系。其次，班主任在班级管理工作中又是校长实施学校管理工作目标的执行者。这就要求班主任要服从和领会校长的决策，积极地去贯彻和推行校长的工作意图，创造性地去搞好本职工作，对本班的教育管理目标承担主要责任。再次，班主任在班级管理工作中又是联系各任课教师的纽带，这就要求班主任要主动协调各任课教师，主动地向任课教师反馈学生对各科教学的意见和要求，主动地听取各任课教师对搞好班级管理的建议和意见，做好调节各任课教师与学生的关系。最后，在班级管理中班主任还是协调和联系社会教育、家庭教育的纽带，这就要求班主任要主动争取家长和社会有关方面配合学校开展对学生的教育管理工作，想方设法动员可以教育学生的力量参加教育工作，克服社会、家庭对学生的消极影响因素，从而实现教育管理任务。

二、班级管理的特征

班级管理的第一个特点是其教育性。班级管理的全过程同时是对学生教育的全过程，这是由学校的任务所决定的。因此，第一，确立班级管理的目标要依据教育方针，依据学校的整体规划和要求。管理目标的实现，也是教育目标的实现。第二，班级管理的内容是以学生健康和谐发展为核心的。每项具体的管理内容都是促进学生健康成长的必需，即班级管理的内容都离不开对学生教育目标的内容。第三，班级管理的实施是在学生接受教育中实现的，每项管理内容的实施都与学生成长、成熟、健康、进步相伴相随，没有学生的成长，管理的内容也就不能落实。

班级管理的第二个特点是内容广泛。说其内容广泛是指班级管理涉及面广，从教育内容上看，德育、智育、体育、美育、劳动技术教育都要涉及；从工作内容上看，涉及方方面面，涉及学校内外的各种因素；从活动内容上看，涉及课内课外，涉及各种活动形式。班级可以说是社会的缩微，班级管理可以说是学校管理的一个缩影。

班级管理的第三个特点是对象不成熟，工作琐细。班级管理的对象是中小学生，他们年龄多在 6 岁到 18 岁之间，应该说是还不具有完全"独立"的生活能力和经验，正是处在需要人教育、引导和学习生活的阶段，因此对他们进行管理就要兼具教育、辅导、规范、引导的工作。班主任在实施管理过程中，时刻要考虑教育对象不成熟的特点，始终不能完全放手，不能用对成人的管理方式去管理。即使班主任把学生培养到有自立的能力，在当"导演"的过程中，也要注意学生的不成熟性，也要注意学生的变化和可能出现的问题。

班级管理的第四个特点是方法多样。管理中小学生，本身就要注意工作方法的选择和使用，开展学生喜闻乐见、丰富多彩的活动，这就需要方法的多样，而且不断创新和变化。班级管理又是在多渠道中通过不同内容和不同方式来实施的，意味着工作方法的多样性。班级管理中，不仅不同的教育渠道和教育内容要用多样的方法，就是同一内容的教育，也要不断变换方法，使之适合学生接受管理教育的选择要求。千篇一律、模式化的工作方法，永远不能搞好班级管理，也永远不能当一名称职的班主任。

班级管理的第五个特点是班主任需要成为多种角色。第一，班主任应是教育者与管理者，既负有教育学生的责任，又是学生各项活动的组织管理者、指导者和评定者。第二，班主任应是心理工作者。不懂学生心理的班主任不能有效地去帮助学生提高学习质量，也不能很好地了解学生。班主任应消除学生因心理问题产生的情绪困扰和自卑感，应使学生增强信心，并做好学生的心理教育；同时，若班主任不注意学生的心理问题，会有意无意地伤害学生。第三，班主任还应是知识丰富的学者。现代社会中，知识信息不断增加，学生关注着大量的当代信息，受到广泛的社会信息的影响，因此教师必须既要具有渊博的知识，又要不断更新知识，这样不至于缺乏教育的功力，能更好地对学生进行教育和管理。第四，班主任要成为"导演"和"演员"。因为在班级管理中，教师要调动学生的积极性，要精心设计学生的活动和指导学生去完成某项活动任务，这是"导演"的功能，一名优秀的班主任也应是一名好的"导演"。

　　班级管理的这些特点，是班级活动的规律所决定的，这不仅对班主任提出了要求，而且也是搞好班级管理的基本条件。认为班级管理很容易，认为学生是一些没成年的小孩子，把他"管住""管紧"就行了，是不了解班级管理的肤浅看法，是对班级管理的复杂性缺乏认识的表现。

三、班级管理的主要任务和内容

　　班级管理是为了培养和教育学生成为合格的人才。班级管理的任务是依据教育方针、教育目标、学校教育要求来确定的。班级管理的任务是使班级按既定的要求、按班级的特点和活动规律，保证学生能够正常从事学习和其他各项活动，保证学生能够健康成长，保证班级有正常的秩序，使学生成为品德、智力、体力各方面都能得到发展的合格人才。班级管理的具体任务如下。

（一）落实学校的管理目标

　　班级管理要有明确的目标（远期的、中期的、近期的），这个目标是依据教育方针和学校管理目标确定的，因为这样能有效实现社会对学校的要求，为社会培养所需要的人才。班级管理的工作计划是班级管理目标的具体实施步骤，也是学校管理目标的"班级化"。所以确定班级管理目标，既要有规定性，又要有创造性，同时还要有广泛的学生基础及实施的保证。

（二）建设一个良好的班级集体

　　班级管理既是对班级集体的管理，又要发挥班级集体的作用，班级集体既是班级管理的对象，又是实施班级管理的作用条件。建设一个良好的班级集体，始终是班主任的中心工作，班主任应该把主要精力投入班级集体的建设，这也是班级管理的重要任务。

班级集体的健康发展不仅仅是班级管理的一个方向，同时，健康的班级集体又能促进班级管理目标的实现。班级集体的成熟是班级管理的成功标志，班主任要做好这项工作，不仅自身要付出艰辛和创造，同时要善于领会学校的管理目标和意图。善于调动其他教师的力量来帮助班级集体的建设，善于调动学生的积极性，使学生永远处于积极进取的状态，还要善于协调学校其他组织机构及社会家庭的力量。这样能形成以班主任为中心的教育合力，使班级管理水平不断提高。

（三）做好班级日常的管理工作

做好班级的日常工作也是班级管理的一个重要内容。班级日常工作不仅是落实班级工作计划的一个个具体的环节，也是使班级集体能够正常运作的必要条件。忽视日常工作会造成班级集体的某种混乱和不协调，这当然会影响班级管理目标的实现。班级的日常管理工作涉及的具体内容很多，主要是保证学生正常的学习、生活，以及开展各项活动的一些管理内容。这些管理内容主要是提出要求、监督运行、匡正不合规范的行为、及时评价、调解矛盾以及对其他具体问题的处理等。日常管理工作可能遇到的都是些"个别行为"或"小"的事情，但这些"个别行为"或"小"事情，常常会因为没有及时处理而成为一种传染源或形成一种不良的后果。所以，对日常的管理工作不可忽视，更不能不屑一顾。

班级管理目标的实现，离不开日常班级管理，因此，班主任也要明确班级日常管理的主要内容。

1. 班级的学习管理工作

教学是学校的中心任务，当然也是班级管理的主要内容之一。学习管理的目的是促进和保证学生学习好，提高学生的学习质量。学习动机、学习过程、学习制度、学习习惯、学习纪律、学习评价以至于形成良好的学习环境等，都是学习管理的内容。学习管理在于提高学生的学习质量，使学生科学地学习、生动活泼地学习、刻苦而又充满信心地学习。

2. 班级的思想政治和品德教育管理工作

思想政治和品德教育的管理要尽力形成一种客观运行机制，即有明确的教育目标、有指导原则、有基本的教育内容、有活动安排、有时间的保证、有具体的责任、有科学的评价和考核办法、有环境氛围、有畅通的教育渠道等。每一名班主任在实施德育管理时，都要认定以上这些条件，落实这些条件，不断充实这些条件，这样有助于克服班级德育管理中的随意性和短期行为，使班级德育管理真正形成客观运行机制。

3. 班级的体育卫生管理工作

体育卫生是指体育运动和卫生保健，是学生健康成长的物质基础，也是班级管理的一项内容。在体育运动方面，班主任要帮助学生建立体育锻炼活动的制度，帮助学生建立体育锻炼的组织，以保证学生持之以恒地参加体育锻炼活动。同时也要对学生参加学校统一的体育活动进行组织督促，如学生的课间操、眼保健操、体育竞赛活动等。在个人卫生保健方面，班主任要加强班级集体环境卫生和个人卫生的管理，如科学地安排时间、劳逸结合、教室环境卫生（包括采光、通风、学生座位的调整）、寝室卫生、个人卫生等，要着意培养学生有良好的卫生习惯，达到自觉地讲究卫生的目的。

4. 班级课外活动管理工作

班级课外活动是指以班级为单位或是班级组织的在教学大纲以外的多种教育活动，既包括校内的课外活动，也包括校外的各种教育活动。课外活动不是学生的"自由"活动，因此必须贯彻教育的要求，并要求班主任加强管理，充分发挥课外活动的教育作用。班级课外活动的管理，主要目的是培养学生的兴趣、爱好、特长，促进学生的个性发展；发展学生的智力、能力和创造才能；扩大知识领域；提高思想品德修养和审美能力，陶冶情操，丰富精神生活；愉悦学生身心，增进学生的健康等。

课外活动的管理要强化目的性和组织领导，因为课外活动分散，内容广泛，活动形式相对自由，班主任不可能都在现场。所以，班主任既要明确课外活动的总目的，还要明确每次课外活动的具体目的，又要认真地组织并通过学生骨干去带动同学，以保证能达到活动的目的。课外活动有时要借助社会力量，参加社会实践，班主任还要请社会帮助，并能很好地协调，否则就容易走过场。对课外活动的管理，也要和"课内活动"相结合，不能"两张皮"，互不相关。

5.班级财物管理工作

班级似乎没有财务问题，但实际上却常常有金钱的收入和支出。这些收支主要是从学生中收取的各种用途的费用，如学生交的班费、为某项活动一次性收取学生的费用等。金钱的收入、支出和保管主要应由学生自己负责，班主任教给其保管和开支的办法就可以了。低年级学生的班级费用，班主任应更多地过问，甚至负责保管。对于班级费用，班主任要给予原则上的管理，如要求账目明细、收支有据、保管严谨等，并经常予以检查或向学生公布，最好不造成丢失后赔偿事件。在金钱管理上，班主任要注意：一、不要随意收学生的费用，即使学生自愿，班主任也要加以控制；二、不要随意支出，更不能不恰当地支出，任意消费，或是做其他不合适的开销。

班级设备、财产管理也是班主任的一项工作，这项管理的主要内容有：①财产设备的数目、质量、使用情况登记；②财物设备交接；③财产设备消耗、损坏情况；④对学生进行爱护公共财物的教育，并制订相应的财产管理的制度；⑤指定学生负责管理某项财产设备。

四、班级管理的目标及具体管理方法

(一) 班级的管理目标

任何管理活动都要有明确的目标，因为管理是有目的的活动。所谓管理目标是指"管理系统在一定时期内预期达到的目的和取得的成果"（《教育大辞典》第7卷，第209页）。班级管理的目标是指班级管理在一定时期内预期达到的目的和要取得的成果，包括班级活动的整体目标、班级管理活动的职责范围、班级管理的目的和评价标准的统一、一定时期内管理活动预期达到的目的和取得的成果。班级管理目标并不是一个笼统的表述，有按时间分的远期、中期、近期目标，时间越近，其内容越具体；按学生的类型层次分的高层次、中层次、低层次目标，对不同学生在一定时间内提出不同的要求，以期最终能达到统一的目标；有按管理任务分的班级集体目标和个人目标等。

班级管理目标的内容一般由三部分组成。

（1）目标方针。这是班级管理贯穿始终的中心或主题，是班级管理目标的总的概括，其科学性和正确性决定班级管理的成败。所谓科学和正确是指班级管理的方针正确，符合教育方针和学校管理目标；含义明晰、准确、表达清楚；易于操作和评价，有激励性；符合学生的根本利益和需要。

（2）目标项目。这是班级目标方针的具体化，是总方针主要方面的具体内容，包括品德、学习、劳动、体育、卫生、课外活动等。班级目标项目要顾及学生成长内容的各个大方面，要顾及班主任的大部分工作；班级管理的目标项目要针对本班的实际情况，既注意基础，又注意学生经过努力后能取得的效果；目标项目要突出重点，有所侧重。

（3）目标值。这是班级目标项目的预期成果，可定量和定性表示，确定目标值既要实事求是，又要明确具体，有可行性，同时要有实现目标值的期限和考核标准。

确定班级管理目标要有以下具体的依据：①依据社会对教育的总要求和学校的总要求；②依据社会背景和社会、学校的客观条件；③依据对学生的全面、科学分析，讲求针对性；④依据班级的特点（学生组成、状况和条件，任课教师状况等）、办学条件（财力、物力、学校所处的地位）等。

确定班级管理目标是班级管理中的一件大事，它直接关系班主任工作的成败，当然也关系学生的成长方向和成长的程度。所以班主任要十分认真地考虑各种"依据"的状况，制订出切实可行的班级管理目标；也要注意确定班级管理目标时，必须集思广益，征求有关部门和有关教师的意见。尤其在目标制订过程中，要让学生积极参与和认同，这往往是实现目标的有力保证，也会增强学生的主人翁责任感。学生参与确定班级管理目标，又能使学生增强目标意识，熟知目标要求，有实现目标的紧迫感和主动精神。

（二）班级内的目标管理

班主任实施班级管理活动，较科学的方法是使用目标管理法。所谓目标管理法是指以目标为中心进行管理活动的一种现代管理方法。其核心是把组织的目的、任务转化为目标，并使组织的总目标与各个部门、个人的目标融为一体，形成组织、部门、个人目标方向一致、明确具体、切实可行的目标体系。它强调以目标指导行动，以成果或贡献作为管理活动的重点，特别是强调目标实现的整体意识，具有向量性、整体性、时效性和激励性等特点（《教育大辞典》第 7 卷，第 251 页）。

班级目标管理的过程有三个环节，第一个环节是目标的确定。第二个环节是目标的实施。在这个环节上，班主任要做的工作很多，首先是做好组织工作，使学生在实现班级目标中各得其所、各施所长，使每名学生都意识到自己对集体的责任和义务，使每名学生都能够自觉地为实现班级目标去努力，使每名学生都有这种"机会"。其次要做好教育指导和引导的工作。在班级管理的实施上，在实现班级目标的过程中，不可能大家齐步走，这就需要对有差距的学生进行教育引导，使他们尽快地达到目标要求。另外，在实现目标的过程中，对有些学生行为的偏离，又要加以引导和匡正，使他们少走弯路，尽快地达到目标要求。其实，目标的实施过程就是一个教育引导的过程，这个过程要靠大量的教育指导，不论对班级集体或是对学生个体都是这样。再次，目标的实施又要做好协调工作，班级集体内学生之间的各种协调，班主任与任课老师、学生与任课老师的协调，班主任与社会上的各种因素的协调，班主任与其他班主任和其他班级的工作协调，班主任与家长的协调，班主任与学校其他部门、其他组织的协调等。从这个意义上讲，班级目标管理的过程又是个不断协调的过程，离开协调，班级工作往往很难去开展。班级目标管理的第三个环节是目标的考评工作。

班主任应该认识到，班级管理的过程是个不断引导学生向目标前进的过程，即从一个目标迈向新的目标。在班级管理活动中，在师生心中都有"目标"的情况下，班级集体进步快，学生成长迅速；当师生目标意识模糊，或者缺乏目标意识时，这时候班级活动就难以开展，班主任就很难抓好工作。所以，在班级管理过程中，班主任要不断地用"目标"引导和激励学生，用目标的实现来肯定学生，并以此激发他们不断奔向新目标，对自己不断提出新要求。

（三）班主任日常应用的平行管理、民主管理和常规管理

1. 平行管理

班主任在班级管理工作中，常常遇到的问题是对学生个人和集体的管理问题，有时顾此失彼，处理不好二者的关系。平行管理是指通过对

集体的管理去影响学生个人，又通过对个人的管理去影响集体，把对个人和集体的管理结合起来，从而增强管理的效果。每名学生都在集体中生活，尽管每名学生的表现不一样，但集体都会对他们产生影响和制约。当集体处于较完善的状态时，集体对学生个人的影响就会更大些，而个人对集体的影响力度就会小一些。班主任花大气力去不断完善班级集体，会对集体中每个人产生影响。这种影响来自两个方面，一是集体的风气、舆论、组织的健全、骨干力量的作用、活动的丰富多彩、师生关系融洽……这些都会对"个人"发生影响，所谓"带动""良好的班风"就是这个意思。二是班主任在管理集体时，也要去教育影响个人，对"个人"有要求，使"个人"受到教育。这里有个善于处理对集体和对个人管理的关系问题。利用集体的影响作用，从更广泛的意义上讲，就是调动学生的自我教育的力量，发挥自我教育的作用。

在班级管理中，有时会遇到特殊的问题学生，他们破坏性大，与集体不协调，甚至总给集体的建设带来麻烦，应该怎样对待这些学生常使班主任感到棘手。这里有个教育力度和情感方法的问题，就是说班主任要有充分的自信心，并认识到能够通过平行管理把个别学生转化过来。因为即使是很麻烦的学生，他毕竟还是学生，还在集体中生活，还有潜在的积极性与闪光点。

2. 民主管理

班级集体是师生共同组成的集体，因此实施班级管理应该发挥师生的共同作用，即班主任在班级管理中发挥主导作用，学生发挥主体作用，共同努力把班级管理好。民主管理的关键是班级集体的全体成员形成主人翁责任感，形成自觉的积极性和创造性，要避免学生感到受制于人、被人"管"的消极意识，也应避免班主任唱独角戏的局面。就是说管理者与被管理者应该目标一致，行动一致，形成两个积极性。班级管理中最容易出现的问题是班主任的角色偏离，一种是搞"专制""高压"，学生无主体性可言；一种是对学生管头管脚，唠唠叨叨，使学生感到厌烦；一种是搞放牧式，对学生不负责任等。这些角色的偏离，可能导致班级管理中的种种矛盾频频出现，最终将使班级集体松散、混乱，以至成为"乱班"。

实施民主管理的原则是使学生形成对集体的主人翁意识，形成责任感。这种主人翁意识不是班主任"给予"的，而是在实施民主管理的活动中形成的。第一，组织学生积极参与班级管理目标的确定，参与班级工作计划的制订，参与管理成果的考评，参与具体管理活动的实施。学生的这种参与意识越强、参与的活动越多、参与的过程越被信任，他们的主人翁责任感、集体的荣誉感、为集体做贡献的精神就越强，就越能发挥自我教育的积极性和主动性。第二，这些活动要有学生具体的组织责任作保证，要给学生各种"负责任"的机会，让学生感到集体需要他们，他们有为集体做贡献的具体任务。

3. 常规管理

常规管理是体现在对班级日常活动上的各项管理。一般来讲，这是班级集体能够正常运行的保证。班级常规管理要通过班级的规章制度、通过贯彻上级和学校的规章制度来进行。规章制度、守则、行为规范、日常生活公约等是学生在班级活动中必须遵守的规定，这些规定有的是来自教育行政部门，有的是学校制订的管理要求，有的是班级集体共同制订的细则，总之，都有一定的强制作用，也有教育作用。通过规章制度，学生知道应该怎样做和不应该怎样做；班主任也明确该怎样要求学生。这样，在班级管理中，师生都有章可循、有法可依，既避免了管理要求的随意性、盲目性，也避免了学生行为表现的无规范状态。通过规章制度进行班级管理，要特别注意以下几个问题。

第一，避免形式主义，有"章"不依。有些班级制订了许多规章制度，甚至贴在教室的墙上，但却是一纸空文。班主任不依规章制度要求学生，学生也不依规章制度的要求去做。这不仅失去了通过规章制度进行常规管理的意义，而且会使学生产生一种规章制度徒有形式，说是说、做是做的错误认识和态度。所以班主任在实施常规管理中，要坚决按规章制度办事，绝不能马虎，更不能有"章"不依。

第二，避免以班主任意志代替规章制度。有的班主任自身不重视规章制度，常常以自己的个人意志作为要求学生的"准则"，这就会使班级管理无章可循，使学生只看班主任"眼色"行事，这是管理中的一大弊端，是必须加以克服的。以班主任意志代替规章制度的另一表现是朝令夕改、虎头蛇尾、只要求不检查、对学生的要求不公正等，这些当然会严重影响班级管理的质量。

第三，应避免规章制度空泛不实，缺乏可行性，难以考查评估。规章制度要求明确具体、有形，不能空泛不实，特别是实施细则尤其要这样。因为规章制度明确具体，学生可以更好地操作，老师和学生可以更好地检查评估。

培养和建设良好班集体的问题思考

培养和建设良好的班级集体是班级管理的重中之重，也是班主任工作成果的体现。班级集体的面貌可以说是班主任老师的综合修养与工作深度的反映。对于学生来说，良好的班级集体可以成为一个成长的熔炉，混乱和风气不正的班级可以成为一个染缸，生活在什么样的集体里，对学生的成长至关重要，甚至能影响他们的一生。组织和培养良好的班级集体还可以提高班主任工作的效率。当一个班级集体组织健全、学生积极向上、师生关系融洽、班级工作能够形成客观运行机制时，班主任就可以从日常琐事中摆脱出来，以更多的精力投入培养学生的主要工作。

培养和建设班级集体，班主任应该下力气抓好以下几方面的工作。

一、抓好班内目标建设

关于班级管理目标及班级管理方法前文已经述及了。这里要指出的是班主任老师组织和培养班级集体要始终有确定的方向，这个方向不仅班主任老师要十分明确，而且学生也要十分明确，甚至让家长和与教育学生有关的人也能够明确。这是形成教育和自我教育的最直接的通道，也是形成教育合力的前提，这也是师生及与教育学生有关的人要共同达到的目标。班级集体的目标应该依据教育方针和社会要求，但要结合学生的实际，不能用方针代替班级的目标，而应该是具体的、有形的、经过努力能达到的、可以评估的目标。

抓"目标"，立志要高远，但落脚点要实际，表述要简洁，内容要全面，条款要概括，条条可操作、可评估。在班级管理中，有时候学生个人表现出一定的积极性，但整个班级集体却是"散"的，班级如同一潭死水，有时候班级内矛盾频频出现……这些都要从"目标"上找原因。当老师和学生都不大清楚应该怎么做的时候，就是目标意识消失的时候，这时候各种问题就会出现。对"目标"的认识要有个"过程概念"，即总体目标的实现是从一个目标到另一个目标的不断前进的过程，保持这个连接，能使学生树立信心和进取心。

优秀的班主任要善于以总目标为方向不断地提出具体的"目标"，使学生有努力的方向，有成就感，又能不停歇。抓"目标"是一个广泛的概念，目标内容应该涉及学生健康成长的方方面面，不可能同时都去实施，但学生健康成长又必须保证目标内容的全部实现，这就要求班主任学会抓主要矛盾。一段时间内样样都抓，势必会形成注意力的分散，也势必会平均使用力量。班主任的艺术在于每个时期都有所侧重，又能不放松其他方面。

抓"目标"又是个具体的概念，这"具体"就是指"目标"的实现是一个个具体的成果，体现了学生的实际。因此必须认识到对每名学生都有个"目标"的起点问题，全班学生由一个起点起步是不实际的，"齐步走"也是不实际的。班主任抓"目标"要对学生有不同层次的要求，不能样样事一刀切，尤其不能对某些学生急于求成，这样反倒会挫伤他们的积极性，会使他们的成长更困难。针对实际、提出不同层次的要求，是为了使每名学生都觉得"目标"不是渺茫的、不是高不可攀的，而是经过努力能达到的。这里班主任就要使每名学生都确实感到自己的进步，都有一种成就感和成功的体验。使每名学生都有成就感，应该是班主任在抓班级管理目标时的一种主导思想。这样的管理能使学生真正地树立信心，真正地确立自尊、自重、自强的精神，而这是每个人实现"目标"的重要条件和基础。

推而广之，不同层次的学生，都从自己的起点起步，整个班级集体就会形成一种积极的力量，一种良好风气，一种较为成熟的舆论，这又会对个别的问题学生产生影响，促使他们成长的步伐迈得更快。

二、抓骨干学生

骨干是班级集体的支柱，是形成一个良好的班级集体的重要基础。班级骨干是班级目标的积极实践者和带动者,又是班主任管理意图的体现者。班级骨干应是在学生中有威信的人,这种威信是通过他们自身的表现逐步形成的, 他们一般都是在各方面表现较好的学生, 或是某些方面突出的学生,并且能对其他同学产生一定影响的学生。学生骨干必须作风正派,不能只亲近老师而脱离广大同学; 也不能各行其是, 不尊重老师的意见,不听老师的指导。学生骨干不但在学生中要有威信, 更要有号召力, 有带动其他同学的能力。缺乏这种带动能力, 尽管个人表现较好, 也不能算是骨干。

在培养良好班级集体的工作中,班主任的一个重要工作就是发现骨干,培养骨干。要从学生的思想作风、心理状态、学习态度、办事能力、群众关系、主动精神等方面发现和培养学生骨干, 这其中的更优秀者可以选为班级集体的学生干部。所谓"发现"和"培养",既是指学生的一定表现基础, 又是指经过班主任给予教育引导, 他们能够更好、更快地成长和提高。班主任发现骨干, 尤其是培养学生干部, 要排除自己的好恶,要公正, 这样能够客观和准确。

班主任老师要在各项活动中, 注意发挥某些学生的特点和特长, 使他们成为该项活动中的骨干。这一点往往被一些班主任所忽视, 他们"用"惯了某些学生或学生干部, 什么事都是那几个人去做, 这样就会使少数人力不从心, 而又影响多数人的积极性。调动多数学生的积极性, 扬其所长,使多数人感到自己的分量, 感到自己对集体应负的责任, 这样不仅能使班级集体生机勃勃, 也是班级管理的一种成功的标志。这里有个班主任的观念问题, 有的班主任往往不相信、不放心、不敢放手去发挥多数学生的积极性, 因此, 班级管理的路就会越走越窄, 最后形成一种冷冷清清的局面。所以搞好一个班级集体, 班主任要相信学生, 要放手锻炼和培养他们成为学生骨干或是某种活动的骨干, 要敢于给他们一定的责任,让他们去完成某项任务, 要给他们以具体的指导, 要对他们的失败主动承担责任, 要鼓励他们不断去克服困难, 要在学生中提高他们的威信。

三、抓班内舆论

舆论是道德赖以存在的基础之一,对集体的建设也是至关重要的。一个良好的班级集体，要有正确的舆论，这样能有正气，并使邪气不能抬头，所以舆论影响着集体的面貌。

正确的舆论来自明确的是非观念，所以进行正确的观念教育是非常重要的，尤其要在重大的、基本的人生价值观念、社会观念、道德观念上对学生进行明确的教育，使他们懂得是非曲直。正确的舆论又来自集体中的活动准则，来自通过规章制度体现的各种要求，所以班级管理中的规章制度要健全，要明确具体，要深入学生的内心深处。

正确的舆论又来自学生对集体的责任感，来自他们敢于坚持真理的精神，来自对待批评与自我批评的正确态度。有了正确的认识和健全的规章制度，但学生中一团和气，对事不点头、不摇头，老好人作风泛滥，也形成不了正确的舆论，舆论的战斗性也就失去了。所以要培养学生实事求是、敢讲真话、趋善疾恶、正气凛然的好思想、好作风。这样的集体风气就会纯正，这样的集体培养出来的学生是经得起社会检验的。

班主任老师要培养一批"舆论队伍"，他们在集体中旗帜鲜明，不为错误言论所左右，他们敢于发表意见，敢于同不良现象作斗争，他们能理解班主任的正确意图，并能积极去宣传鼓励。有了这样的"舆论队伍"，班级管理的活动就会顺利和富有成效，就会对一些问题学生形成很大的心理压力。"舆论队伍"的培养，主要是在班级的各种活动中进行，班主任在深入了解情况的基础上，要鼓励正确的舆论，哪怕这种舆论仅为少数人所坚持，班主任也要讲清道理、坚决支持，表扬坚持正确舆论的学生，并把这些学生的表现上升到坚持原则、坚持真理的高度，使他们受到充分的鼓励。这样的学生逐渐增多，班级集体中的舆论队伍就会逐渐形成，以至整个班级的面貌就会更加健康，风气更好。班主任还要组织适当的批评与自我批评活动，这样会使正确舆论有发表的余地，使"舆论队伍"有适宜的活动环境。

四、抓好班风建设

班风是学生思想、道德、人际关系、舆论力量等方面的精神风貌的综合反映。班风对班级集体的建设，对班级集体内学生的成长都有很大的作用。良好的班风能给学生带来有利于学习、有利于生活的环境，能使学生精神振奋，能使班级正气不断上升，能使学生的思想觉悟、道德面貌都受到积极的影响。好的班级集体是个大熔炉，就是指班级的良好风气所产生的积极影响。当然，不好的班风也会给学生带来不利的影响，甚至使他们受到不健康的熏染而消极不思进取，使整个集体人心涣散。班主任要注意使班级集体形成一种良好的风气，并使这种良好的风气成为一种教育因素。

良好的班风首先体现在正确的舆论上，并且具有正面舆论的主动性和战斗性。舆论正，能使正气发扬，不正之风不得施展，以至不能存在，这是形成班级集体良好风气的基础。其次，良好的班风又体现在班级绝大多数学生的团结协作、人际关系的和谐上，这就能保证班级集体的步调一致，能保证班级管理的目标顺利实现。最后，良好的班风也体现在集体的成员的进取精神上。

良好的班风，不是很容易建立起来的，而一旦形成之后，又有相对的稳定性，能使集体跃上一个新的层次。班主任抓班风要狠下工夫，既从大处着眼，又从小处着手。所谓从大处着眼，就是对班级集体的培养和建设，要在大方向上下工夫，如学生的思想教育、道德情操的培养、学习质量的保证、身体素质的提高等，都要有明确的方向要求和各种措施保证，而且要抓住不放，持之以恒。所谓在小处着手，就是做深入细致的工作，对学生中出现的问题，不能置之不顾，对任何微小的苗头都要给予关注和解决。好的班风又离不开集体成员好的习惯。如读书习惯、讲文明礼貌的习惯、讲卫生的习惯、艰苦朴素讲勤俭的习惯、热心助人的习惯、体育锻炼的习惯、热爱劳动的习惯等。学生这些习惯形成的过程，也是班级集体良好风气形成的过程，久而久之就会形成班级的特点，形成一个良好的稳同的班级集体。好的班风的形成，也离不开对不良行为、不良影响的抵制和斗争。与不良现象斗争的战斗力，既是好班风的条件，又是形成好班风的必需。所以，班主任要培养学生向不良现象主动进攻的精神，要立足于进攻而不是立足于"防御"和"抵制"。这对培养学生的是非观念，培养他们的正义感和疾恶如仇的精神有重要的意义。

良好的班风离不开班主任老师的敬业精神、负责的态度、良好的自身表率作用。一般来讲，有什么样的班主任就有什么样的学生，就有什么样的班级，这是有道理的。因此，班主任要以身作则，自正其身，这十分重要。

良好的班风不是一朝一夕形成的，它体现了班主任的综合品质和艰苦工作的过程。班主任要做有心人，要动脑筋、坚持不懈、身体力行去培养良好的班风。尤其是在接手一个新的班级的时候，首先就要思考建立怎样的班风，并运筹和设计如何起步，如何一个环节一个环节地抓下去。假如忽视这方面的工作，班级内某项不正的风气一旦得以形成，再去纠正它、改变它，再去重塑新的风气，就会相当困难或事倍功半。

五、抓好班内活动

组织和培养一个良好的班级集体，应该贯串在各种活动之中，在建立和培养班级集体的过程中，都要有目的地开展各种活动，对此既要非常明确，又不能放松。这里所说的"活动"是指目的明确、针对性强、体现实现班级目标的内涵、对学生健康成长有意义、并起"积累"作用的活动。班主任要明确地认识到，有活动才有集体，有健康积极的活动才有良好的集体，善于抓活动，班主任才能有所作为。开展活动的目的，一是给学生影响和锻炼，使学生通过活动受教育，通过活动得到锻炼；二是使学生进入积极进取的状态，因为在活动中能调动学生的上进意识、竞争意识，能使学生展露个性的特点和才华，能形成集体的活跃的气氛；三是在活动中使学生学习处理人际关系，学习适应社会的本领，增强他们的适应能力和实干精神，使他们的能力得到提高。

班级开展各种活动都要有明确的目的，不要走过场、搞形式主义。每次开展活动要达到什么目的、解决什么问题、哪些人可以做骨干、重点教育对象是谁、可能会出现什么阻力和问题、通过谁去组织、采用什么方式方法、借助哪些外部力量等，班主任都要心中有数，都要经过反复思考，都要做好准备。班级开展活动又要注意本班学生的特点，注意青少年的共同特点，要尽力把活动开展得丰富多彩，为学生喜闻乐见，尽力做到每次活动结束，学生还意犹未尽。班级开展活动，学生要尽量都参加，不能仅少数人活动，也不能把少数人排除在外。每开展一次活动，都要有始有终，设法使活动有趣，切忌虎头蛇尾，切忌不了了之，切忌走过场。

开展班级活动，要通过活动使学生受到教育和影响，应着眼于通过活动使学生能在思想上、道德上、审美情趣上、身体上、情感上有所收益。每次活动虽不能够求得效果的样样俱全，但总要使学生有一定的收获，这样能体现班级活动的意义。班主任要通过开展活动，使学生受到集体主义的教育，通过活动养成集体主义精神，锻铸为他人谋利益的思想。学会关心他人是开展班级活动的一个贯穿线索，班主任应该在开展活动时突出这一线索。

学生受社会上某种潮流热点的影响，会在他们之中自发地出现一些"动向"，又由于学生的模仿从众心理，有时这种动向甚至能成为他们的一种追求，这种"追求"往往是偏离教育目标的。解决这种问题要因势利导，绝不能简单地禁止和压服。具体解决的办法：一是引导学生深层次地思考，力求看明白，这不仅会使多数学生提高认识，而且也会使他们更成熟；二是班主任要把班级活动搞得更受学生欢迎，使他们充沛的精力得以合理地发挥。凡是班级活动开展得比较多样化，凡是学生觉得自己的精力能"派上用场"的班级集体，学生中不健康的东西就会少些。

开展班级活动，班主任还要注意最大限度地发挥学生的能量，要尽量使绝大多数学生有所作为，特别是要使那些不大为人注意的学生发挥他们的长处，施展他们的才能。假如开展活动时，只是少数学生在"动"，大多数或多数学生处于被动地位，那种活动是无法取得满意的效果的。开展班级活动是否"到位"，要看多数学生是处于什么状态，只有多数学生进入积极状态，那种活动才算成功或比较成功。在活动中，一方面要调动大多数学生的积极性，特别要注意调动问题学生的积极性，尊重他们、信任他们、平等地看待他们；另一方面，班主任又要在活动中观察学生、了解学生，培养在活动中涌现出来的积极分子，扩大学生骨干队伍，发现各种特长学生。

六、抓好班内典型

"典型"可以视为班主任在抓某种活动时所出示的"样子"，典型能使学生形象具体地看到教师的要求，使学生以此为"样子"，按照教师要求的方向发展。再引申一步，典型也能促使整个班级集体方向一致，典型是一种无形的鞭策力量。有群众基础的、有说服力的典型能激发学生的竞争精神，能促进学生积极进取，能使整个班级集体朝气蓬勃。典型在某些时候能起到带动作用，尤其是班级集体内的典型，其带动力量更明显。

班主任在学生中树立典型，要有各种情况下的典型和各种类型的典型。这些"典型"一般都是活生生的形象，班主任可通过他们使学生追求更完美的思想境界，在学生面前展示更复杂的人生道路，给他们以启迪，使他们能够效法，并以此作为自己人生的楷模。他们能受英雄和伟人的启迪，受英雄和伟人的激励，来寻找和开辟自己的道路。班主任把崇高、伟大、"学识"……展示在学生面前，并启发他们去选择、去学习，学生心目中一旦有了这样的榜样，就会激起他们进取的力量。

还有的"典型"是本班集体中涌现出来的值得学习的同学，他们当中有的是健康和谐发展的典型学生，有的是某些方面有特殊表现的学生，有的是在某项活动中表现突出的学生，总之，是可作大家表率的同学。从他们身上往往可以说明某项活动可以达到什么水平，需要怎样一种表现，这对全体学生都会有启发，都会有说服力，都会成为一种榜样。这种典型，因为是在日常的、现实的活动中涌现的，有很强的新鲜感，同时，对他们本人也将会起促进作用。

在班级管理中，班主任手中要有各式各样的典型，甚至一次表扬、一次批评、提出一种什么要求，都要有具体生动的"形象"昭示给学生，使学生感到有样可循，或是能受到精神激励，这是班主任工作中不可缺少的。班主任掌握的"典型"越多，工作指向就会越具体，对学生的教育就会越深刻，班级管理活动就会越顺利。

班主任不仅要"使用"典型，更重要的是要培养典型，一是培养各方面基础较好的学生，使他们更严格地要求自己，被同学所拥戴，成为学生学习的楷模；二是在某项活动中培养典型，使他们的突出表现为同学所钦佩，并乐意向他们学习；三是培养问题学生转化的典型，使他们有较大的转变，并为同学所认可。培养典型主要是发现苗头、给予引导、积极鼓励、严格要求、适当宣扬。培养典型是一项很细致、很复杂的工作，所以班主任要注意发现学生中积极的苗头，而且要看准，这是培养典型的基础。有了对象又要给予引导教育，使他们的发展更健全，使他们的表现更合乎要求，这又是培养典型的必备条件。

典型学生在成长当中可能会遇到很多困难，也可能遇到各种矛盾的制约，为使他们顺利成长，班主任需要不断对他们进行鼓励，使他们战胜困难，克服各种矛盾，这是培养典型的必要的过程。典型学生也会有各种不尽如人意的地方，甚至也会犯错误，班主任要全面地认识他们，并要严格要求他们，这样做能使他们的表现更好，更能为同学所接受，这是培养典型的保证条件。对于典型学生要适当宣扬，其目的是引导学生向他们学习，以他们为榜样，没有这一条，培养典型的意义就不大了。但要注意对典型学生的宣扬要适当，不能过分，也不能宣扬得过频，还不能过高、过"完美"。

七、抓好学生荣辱感

缺乏荣誉感的学生很难有进取精神，一个班级集体中的成员缺乏集体荣誉感，就不可能培养集体主义精神，当然就很难建设好一个班级集体。学生的荣誉感是学生思想、情感、意志、目标、责任的体现，又是他们能够恪守道德准则、能够不断进取的一种动力。班级集体的集体荣誉感，是这个集体意志统一、积极进取、不肯落后的必要条件，又是集体成员对集体的责任感、义务感的体现，所以它能够激发每个人的积极性和竞争精神。

培养学生的荣誉感，既是要培养学生对集体的责任心和为集体尽义务的自觉性，离开对集体的责任和义务，集体荣誉感就是空谈；培养集体荣誉感又要培养学生为集体分忧的精神，一个集体在前进中总有其不足和困难的地方，集体成员为此而分忧就是关心集体、热爱集体的表现，并进而会产生期望集体更加完美的集体荣誉感。培养集体荣誉感，要使学生主动地为集体出力、主动地为集体的建设添砖加瓦、主动地为集体的工作出谋划策。班主任要给学生创设条件，给学生这种机会。培养集体荣誉感，还要求引导和鼓励学生自觉维护集体的团结，自觉地抵制影响集体的言论和行动，自觉地维护集体的利益。

荣誉的反面是耻辱，培养荣誉感同时还要使学生知道什么是耻辱，从而使荣辱心形成情感的两个方面。有时候不知耻辱就谈不上荣誉感。班主任培养集体荣誉感，具体要做到以下几个方面。

第一，要抓学生对班级集体的主人翁精神，使学生置身于集体之中，班级内的事情尽量要使每名学生参与，要给他们具体的责任和任务，使学生把集体的一切都看作与个人息息相关。

第二，班主任不能让任何学生置身于集体之外，不能让学生成为集体的旁观者，成为"评头品足"的评判者。因此要使学生在情感上与集体协调，培养学生与集体融洽的情感，使每名学生感到集体的温暖，感到集体的成就与自己有密切的关系。

第三，要使每名学生都熟悉集体的成绩，每名同学都能讲出集体的长处，如数家珍。集体荣誉感常常是在不断肯定成绩中形成的，所以班主任要尽量使自己的班级集体受到肯定的评价，使学生"积累"对集体的荣誉感。

第四，班主任要适时地、经常地提出争取集体荣誉的新要求，这种要求最好能落实到每名学生。这种"目标"达到的时候，学生集体荣誉感的"量"增加了、"质"提高了，会使学生进一步发扬热爱集体的精神，同时又是他们继续前进的动力。

第五，集体荣誉感的形成，又与班主任的形象和威信有密切关系，班主任应该是班级集体的灵魂和核心，班主任又是班级集体的代表，班主任自身的表现，领导班级集体做的工作，对学生集体荣誉感有很大的影响。

建设充满阳光的班集体

岁月荏苒，从师专毕业至今，我已做了11年的教师，回忆这些年带班所走过的每一步，感受工作给我的欣慰和快乐，更加坚定我做一名优秀班主任的信念和决心。在体味充实和享受快乐的同时，我把更多的精力放到了如何使班主任工作做得更具特色上。在不断地探索中，形成我的治班方略：以情育情，用爱心点燃学生心灵的火花；活动育人，用丰富多彩的活动促进学生全面发展。

一、美爱学生，用爱撑起一片蓝天

一位教育家曾经说过，犹如没有水，就不能成其为池塘一样，没有感情，没有爱，也就没有教育。爱是教育"内化"的催化剂。工作十年来，我从没有放弃过教师自身素质的培养，从教中学，从学中教，乐此不疲。用我的真诚、爱意透视学生纯洁而又丰富的内心世界，唤起学生对爱和真诚的追求，感染学生、浸润学生渴望理解的心田，用充满爱的语言去抚慰一颗颗幼小的心灵。

(一) 建立个人档案

沟通是教育的前提，师生之间如果缺乏了解和沟通，感情就会有隔膜，教育就无从展开。沟通应从了解开始，前苏联著名教育家乌申斯基说过，如果教育家希望从一切方面去教育人，那么就必须从一切方面去了解人。因此，在班内，我为每名同学都建立了个人档案，里面详细记录这名同学的家庭情况、性格特点、爱好、健康状况及学习变化。通过学生档案的建立，使我更好地了解了我们班同学。当我得知班内近十名同学生活在单亲家庭、四名同学自己独立生活时，一种怜爱之情，一种强烈的责任感油然而生。我深知，生活在单亲家庭中的孩子情感脆弱、性格孤僻、倔强、逆反心理强，而独立生活的孩子，虽然自立性强，但容易放纵，缺少监督和关爱，较难管理。因此，在日常的生活学习中，我会不经意地送给他们一个亲切的微笑，一个满意的赞许，一个温馨的眼神，一个慈祥的抚摸，让他们感受到老师真挚的爱，使这些原本不幸的孩子在班集体这个大家庭里变得开朗活泼、乐观向上，有着较强的集体荣誉感。

(二) 巧用角色转换

每接一个班级，班内总有几名同学不爱做作业，教育一下也只管几天，一段时间又"旧病复发"，很让人头痛。针对这种情况，如采用体罚的办法收效甚微，且有可能适得其反。所以，在班内，我就采用角色转换的方法，委派他们每天督促同学按时完成作业。要想管好别人，自己先要做好。经过一段时间后，他们不但改掉了坏习惯，还常常成为班级学生的表率。

(三) 运用心育艺术

基础教育的价值体现在未来，受教育者应具备良好的心理素质，以在未来社会获得更好的生存和发展空间。宽松和谐的心理环境有利于个性的发展和素质的提高。因此本学期，我在班里发起这样一个倡议：师

147

生共建相互交流的"绿色通道"，包括三种形式：（1）架沟通桥——日记；（2）建悄悄话信箱——我想对你说；（3）热线连着你和我——家庭心理电话。

以此为学生提供多渠道的倾诉，使个性千差万别的学生在心理错位时得以倾诉，摆脱烦恼。

有一次，我在班里布置了一篇作文——《给老师的一封信》。在作文里，同学们大胆地给我提了很多建议，如教学方法、作业布置、怎样把班级管理好、他们心目中的老师……从孩子真诚的话语中，我获得了许多宝贵的意见，所以在后来的班会课上，我说："老师很感谢你们对我提的宝贵意见，从今以后，我一定做一个你们满意的老师：有爱心，正直好学，富有创新精神的授课能手，教学工作作出改进。反过来，我也向你们提出老师心目中的学生形象，是同样有爱心、懂得自尊、自爱和尊重别人的人。""教育者是美丽的"那一节课，我们班的每一名孩子脸上都洋溢着幸福的笑容……

从那以后，我与学生的距离更近了，孩子们经常向我倾诉内心的酸楚、快乐。小军同学说自己很烦恼，整天处于不被理解之中；佳雯说自己家学习环境不好；笑娟同学在日记中说："老师，我为什么不能把作文写好，是不是我太笨了……"在笑娟同学的日记后面，我是这样深情地写道："在老师眼中，你可是个不错的女孩！课堂上你妙语连珠，见解独特，怎么会是笨女孩呢？写日记也好，写作文也罢，只要认真观察，多读书，勤于积累，多修改，就一定写得好，老师希望能看到你自信的笑容！"一周后，我在她的本子里看到了这样的话："老师，你的话使我增强了信心，我会努力去做，为了别人，更为了自己。"现在，她已是班里的文艺委员。

今年的"六一"，我曾这样寄语我的学生们："同学们，我是过去，你们是未来；我是一片树叶，你们是整个森林；我是一支蜡烛，你们是熊熊火炬；我是一条小溪，你们是黄河、长江……相信我们每一名同学都拥有美好的明天……"

在我的影响下，我们班成了"爱意浓浓的班级"：作文公开课上，同学们感人肺腑的"爱"的诉说；主题班会上，容容同学深情地朗诵……让在座的老师和同学潜然泪下；环保小卫士的行动；小健同学失去母亲，全班同学给她送去一份沉甸甸的爱；特别是"爱心纸箱"的捐助活动：我班小林同学和年迈的父亲相依为命，家境贫寒，班级同学纷纷伸出援助之手，并号召全校同学收集废纸，开展"爱心纸箱"捐助贫困生活动……让我有太多的欣喜与感动。校园是爱心撑起的大厦，在这个大家庭里，每人都有沐浴在阳光下的感觉，所有的人都得到发展，享有一份爱，一份重视。当我手上裹着创可贴，孩子们焦急地询问时；当孩子们用蓝色的笔写道："老师，我喜欢你！"……我感到了教书育人的快乐。

爱是沟通，爱是理解，爱是奉献，爱是激励，师生之间的互爱为我班赢得一个又一个荣誉：常规检查全校名列前茅，科普征文获团体奖，"环保"队角评比获二等奖，广播操比赛获优胜班级，亚洲同学在法制征文中获一等奖，淑婷同学在春游征文中获二等奖，玉婷同学在环保征文中获二等奖……

二、以活动为载体，营造个性发展的空间

人际互动、人际交往只有在活动中能形成，没有活动就没有交往，没有交往也形成不了氛围。人类实践活动的终极目的是要实现主体的自我创造、自我实现。那么作为以育人为宗旨的班集体活动，则更强调客观主体化的过程，要在活动中努力营造学生自我发展的氛围。心理学家皮亚杰也曾指出：活动是人的认识、智慧、思维发生、发展的机制。通过活动能使学生得到丰富、改造和发展。因此，我非常注重从开展活动入手，以活动为载体、以活动的形式、内容为依托，为学生创设个性发展的空间，营造和谐、宽松的班级氛围，寓教于景、于乐、于形。

（一）创造有特色的班级文化

1. 举行主题鲜明的班队活动课

按照"建设团结向上班集体，营造和谐健康新环境"的工作思路，本学期，我班开展了"我做合格小公民"的主题班会。在这次活动中无论设计、组织，我都让学生自己去思考、去实践。调动全班同学的积极性，使他们普遍感到：这是我们自己的活动，我们要动脑筋想办法，在活动中显身手，显才华。

在活动中，同学们围绕主题，主动查找资料，搜集图片。无论是同学们自制岗亭，绘制"安全图"，自己写诗，配乐朗诵，还是表演精彩的三句半、优美的舞蹈……都体现了集体智慧的交融。通过这次活动，同学们受到感染和熏陶，思维受到开拓、发展，增强了集体凝聚力和学生的使命感，又丰富了他们的精神世界，呼唤了爱与真诚。我欣慰地感到，班级这棵小树又长大了许多……

2. 推行"掌声文化"

学生的心是一颗颗年轻的心，敏感而脆弱，多么需要鼓励、喝彩与掌声。学生最渴望的是得到师长的重视、关心，哪怕只是一句简单的表扬，一个关切的眼神，对于学生来说是多么重要，有时也会给他们带来莫大的影响，起到意想不到的作用。美国有位心理学家曾做过这样一个实验，他将他的学生分成三组，对第一组表示信任并予赞美与鼓励；对第二组采取不管不问放任自流的态度；对第三组则不断给予批评。实验表明，被经常鼓励的第一组进步最快，总是挨批评的第三组有些进步，而被漠视的第二组则原地踏步。所以在班级中，我实行"掌声文化"这项活动，让"掌声鼓励一下""你说得真不错，表扬一下！"……这样的词鼓励学生自信。在浓郁的掌声氛围下，后进生自信心增强了，学习有了长足的进步。如小陈、小宇等同学在期末考试中，两门都跨进了优的行列。又如我班欢欢同学语言表达方面有心理障碍，课堂上从不发言，是同学们热情的掌声鼓起他说话的自信。现在的他不仅上课发言了，在今年的班干部选举会上，他还自荐参加班干部竞选，最后担任我班劳动委员。

3. "循环日记"放飞心灵

由于现阶段学生接触作文时间不长，有些同学怕写作文，进而不喜欢语文。因此在班内，我尝试用"循环日记"放飞学生心灵，还孩子梦的快乐与自由，还语文一张生动面孔。循环日记采用互写、互评、互改。对于写得好和评改得好的同学提出表扬，并在教室后面的芳草园里展示出来，供全班同学学习。通过一年来的努力，我班同学作文水平提高很快。

4. 以书裁道，教化人生

曾记得李瑞环同志提出过"规规矩矩写字，端端正正做人"这样一个口号。确实，写字与做人有着千丝万缕的联系。写字能育德、益智、养心健体，既有利于实用，又关联着艺术；既训练基本技能，又培养全面素质。因此在班里，我提出"书品即人品，写字学做人"的写字教育口号，注重利用字来教育学生，指导学生认认真真地写字，养成良好的写字习惯。为了激发同学对写字的热情，我在班里举行书法比赛，评选"班级十佳"。如今，我们班同学对写字产生了浓厚的兴趣。在锲而不舍中，很多同学练就了一手好字。

5. 让墙壁"说话"

两周一期的板报，以突出的主题，多彩的板块，成为班中的亮点，墙壁上"艺海拾趣"里的书法作品、手抄的名言警句、意境深远的美术作品相映成趣；"芳草园"中的一篇篇"循环日记"佳作……这些构筑着学生理想的"文化大餐"形成班内一道亮丽的风景线。

在有特色的班级文化中，我班涌现出一批小画家、小主持、小歌唱家、小诗人。万花竞放，美不胜收。

(二) 开展社会实践活动，勇当社会小主人

走出校园，走进社会，关注社会，不仅没有影响学生的学习，反而增强了他们的社会责任感，丰富了社会知识，增长了阅历，找到了学习的立足点。

有人说，每个人的心灵深处都有一汪清泉，一切美的情感都源于此，但要有一定的动力激荡它。我就是以"丰富的情感和活动"为动力，调动学生积极、健康的因素，促进学生的个性发展。功夫不负有心人，通过我的努力，我班在班风、班貌、成绩等方面较以前有了较大的改变，并获得"优秀班集体"光荣称号。不过，成绩再辉煌也已经成为过去，望前方，情长路更长。今后，我将继续追求探索，努力创设学生全面发展的育人环境，让常阴沙学校这朵教改之花开得更加鲜艳，更加灿烂！

班主任其他日常工作范畴

一、班会

(一) 班会的实际意义

班会是以班级集体为单位，以一定的目的为指向的班级会议。其特

定含义是，这是一种教育活动的形式，是班主任的一种日常工作内容。虽然班会不一定由班主任主持，但对其确定主旨、内容设计、活动形式，以及所获得的效果等，班主任应予以策划、认定、指导、帮助。班会要定期举行，不论什么形式的班会，不论在哪个地点举行，都应全班学生参加，而且班主任也应参加，班会的类型一般有主题班会、常规班会和"测试式班会"等。"测试式班会"一般使用得较少，而常规班会和主题班会却要安排在班主任工作计划和工作日程之内。常规班会主要用于涉及全班性问题，主要是关于班级内要重点开展的活动的部署、阶段工作安排和小结、重大活动的统一认识等。主题班会是以一定的主题为中心，围绕主题召开的班级会议。

班会有鲜明的主题和明确的目的，既是对学生进行教育的活动形式，又是使学生得到锻炼的活动形式，也是班主任实施教育的重要手段。当然这种教育的力度强弱以及效果的大小，取决于班主任设计组织班会的能力，取决于班会主题的准确性及针对性。班会的活动一般是由学生主持，从准备到"开会"活动，都要求有更多的学生参与，这就给学生提供了锻炼的机会。有经验的班主任每次班会都力求使不同的学生得到锻炼，促使他们增强活动的能力。不论教育学生或锻炼学生，班主任都要有很高的立意和良好的工作艺术。组织不好的班会，往往徒有形式，空走过场。

（二）班会的具体作用

不同类型、不同内容的班会所起的作用也不尽相同，但大体上班会的作用有以下几个方面。

1. 有利于提高学生的认识能力

从班会的教育意义上讲，主要是使学生通过班会明确对某个问题的认识、统一对某些问题的认识和强化对某种问题的认识。班会活动都有个教育的主题，这种主题都是为了提高学生认识而确立的。通过班会班主任又可以就学生中对某些问题的不同看法，进行统一认识的教育，使多数学生得到一致的见解。通过班会，班主任还可以对学生中的某种认识进行强化，使他们提高认识的深度，加深对某种问题的理解。班会的认识作用主要表现在使学生提高思想认识、道德观念、审美观念等。使他们增强思想上对正确与错误的判断能力；道德上的对善恶的识别能力；审美活动上的认识美丑的能力。这些认识能力的提高来源于班会活动中的以某种主题为中心的积极的教育影响。

2. 有利于提高学生的自我教育的能力

一个完整的班会，从设计到实施都要发动学生去参与。比较成熟的班级集体，学生在班会活动中可以"唱主角"，这样能使学生的创造能力、组织能力、活动能力得到发挥。有经验的班主任总是把班会的意图告诉学生，而不代替学生去做；总是善于启发调动大多数同学去动脑筋、去发挥聪明才智；总是在关键处给予指点。这样做既能把握住班会的指向，不至于使班会偏离既定的目的，又能给学生施展才华发挥余地。学生在这个过程中必然会进入角色，能够体现出主体的能动性，能够得到多方面的锻炼。学生主体性能发挥，自我要求、自我完善、自我进取的精神就会不断增强，这样就能达到自我教育的效果。

班会不仅能使学生发挥主体能动性，锻炼学生能力，而且通过班会，班主任还可以发现学生的潜在积极性，发现学生的能力和培养学生的能力。学生在班会活动的筹备、设计和实施过程中，主体参与意识能够加强，竞争心理、施展自己才能的欲望会得到发展。这时候许多学生的潜在积极性、潜在的能力就容易表现出来。这种种表现，正是班主任应该发现和了解的内容，而对某些学生的教育也正可以以此为契机，启动教育的突破点和深入点，并引导他们提高自我教育的能力。

3. 有利于班级集体的建设

建设一个良好的班级集体要通过各种活动来实现，而班会活动就是其中的一项重要内容。

第一，班会可以产生凝聚力，起到促进班级学生团结的作用。组织得当的班会，对学生有很强的吸引力，通过班会使学生的目标能更为一致，这是团结的基础。在班会活动中，学生的主人翁意识能得到增强，人人都觉得应该对集体负责任。学生中间共同的东西多了，能够步调一致，这又是集体团结的必要条件。班会活动有时是为了与其他班级竞争和比赛，不论是做这种动员和准备，还是为此进行部署和实施，都会使学生更加关心集体，更注意相互协调，会形成很强的向心力和向上的意识，这又是增强班级团结的动力。

第二，班会活动可以起到改变集体面貌的作用。组织良好的班会，会有力地调动学生的积极性。班会活动是每名学生都参与的过程，能使不同的学生不仅受到教育，而且能够按集体的要求"重塑"自己，并由此能够有所进步。好的班会都会使学生的面貌发生变化，有的班会甚至是某些问题学生转化的契机。学生个体的变化，势必会影响到集体，使班级集体面貌发生变化。这些变化主要表现在集体的精神面貌上，比如更加朝气蓬勃，更加积极向上，更能为集体荣誉感所驱动，表现出强烈的竞争精神等。

第三，班会对建设班级集体的作用还表现在师生关系上。班会活动是师生共同活动的过程，是师生交融的过程，是彼此加深了解的过程，也是师生加强团结的过程。通过班会活动，师生心心相印，不仅能使班会活动成功，更主要的它会形成师生间不断建立亲密关系的一种机会。每次成功的班会都是这种建立亲密师生关系的"积累"，都会是对建立和谐师生关系的一种促进。所以，班会活动又有促进班主任与学生建立良好关系的作用；而这种良好的关系，又是建设一个良好的班级集体所不可缺少的。

（三）班主任班会设计的原则

开好班会需经过充分准备，有现场调节的能力和对策，环节紧凑使学生能充分地活动，又不偏离预期的教育目的。这样准备班会就要求班主任花费很大的精力，进行多方面的思考和研究，力求使每次班会都开得成功。班主任设计班会要讲究教育性和科学性，所以需依据一定的原则。这些原则主要有以下几点。

1. 目的性原则

设计班会的最重要的一点就是确定班会的主题，并且围绕主题把握内容，设计从起点到终点的全过程。班会的目的很明确，从大的意义上讲是要对学生进行教育，从具体要求上讲，又要明确教育什么，教育到什么程度。把握班会的目的又要依据以下几点。

（1）依据学校教育要求和班级工作教育计划，不能背离这个大方向去设计班会。

（2）依据一定的社会背景和形势的要求。因为这方面的影响和在学生中的反应都是比较集中的、有一定力度的，因此不仅要考虑到这些影响的因素，而且还要利用和优化这种影响。

（3）依据学生的实际情况，即他们所关注的、所需要的、所追求的是什么，以及他们的具体矛盾和问题。

（4）也要依据所要进行的教育课题，依此来安排班会的内容。这些依据是确立班会教育目的需要予以考虑的因素，离开这些"背景"条件，班会就很难达到教育的目的。

2."双边"性原则

教师的主导作用是在学生的主体性发挥的程度上体现的。组织设计一个班会，要充分反映班主任的教育意图，体现班主任对班会各项要求的主导思想。班主任的这种主导思想，并不是班会成功的全部条件，班会的成功又要学生发挥主体作用，发挥主观能动性。班主任的主导作用与学生的主体作用"双向"发挥，是搞好班会活动的前提。所谓"双边"性原则，就是在组织设计班会时，既要体现班主任的主导作用，又要体现学生的主体作用。班主任的主导作用，主要是把握班会的方向和主题，提出设计的构想或构想意图，以及为班会创造必要的条件。更主要的，班主任要能够调动学生的主体能动性，要启动和激活学生参加班会活动的兴趣和需要。学生的主体性是他们以主人翁的态度，成为班会活动的主动者，所以，班主任要充分相信学生、信任学生、尊重学生，使学生有发言权，有相对的自主权。一个好的班会主要的是看学生参与的态度和他们的创造性的发挥，学生的主动性越强，班会的教育效果就越好。

3.综合性原则

班会是班主任利用综合手段达到教育目的的一种教育形式。这种综合手段是指多种教育内容的综合、多种教育形式的综合、发挥学生多种能力的综合，因此组织和设计班会就必须依据利用多种内容、多种形式、发挥学生多种能力的综合性原则。班会应是富含哲理的教育活动，但它又是以丰富的内容来体现的，伦理的、思想的、政治的、艺术的……都可以综合在一个班会活动里边，使学生受到教育，悟到真理，激发情感。这种内容还体现在多种活动形式里边，激昂的辩论、有力的论据、热情洋溢的文艺活动、五彩缤纷的社会课堂、小发明小制作的展示……丰富多彩，为学生喜闻乐见是班会形式的特点，也由此体现出班会综合形式的教育作用。班会活动还是使学生充分发挥多种能力的课堂，他们的思维力、想象力、创造力、鉴赏力，以及他们的实际操作能力，都应该在班会活动巾展现。

组织和设计班会，依据综合性的原则，班主任要充分创造这种条件，要依据这种要求进行内容的安排、形式的选择和给学生以施展能力的机会。有的班会组织设计得过于单调，内容面窄，形式单一、呆板，学生没有施展能力的机会，这样教育容量就会很小，甚至使班会开得冷冷清清。所以班主任在组织和设计班会时，要放开想象力，要力求在有限的时间和场地内，尽量扩大教育的容量，使班会开得生气勃勃，有声有色。

4. 系列性原则

学校教育是一项系统工程，其内容必然是循序的、系列的，由不断的积累使"工程"得以完成。班会作为学校教育活动中的一种形式，其存在和使用也应该是大系列中的一部分，因此其教育内容应该体现系列要求。所谓系列性原则是指班会活动的内容应该是一个相互衔接、由低到高的教育系列，这个系列既可以有内容的交叉，又要覆盖规定的重点教育内容，并且做到"由低到高"。所谓内容的交叉是指每次班会活动的内容主题都要包含前次班会所形成的教育成果，使学生在接受新的教育内容时有某种"迁移"的意义。所谓"由低到高"一是指同样教育内容的逐步深化和提高，或是螺旋地上升；二是指不同教育内容的先后，比如先侧重于道德文明教育，为道德养成打下基础，再进一步侧重于政治教育、思想教育……总之，提出班会系列性原则，是把班会活动当成一个"整体"提出要求。

（四）班会的主要形式

班会的形式应该由教育内容来决定，采用何种班会的形式，要以达到最佳的教育效果来确定。班主任不应为追求班会的形式而忽视其教育效果。班会活动一般受时间的限制，不能开得过长，要在有限的时间内达到最佳的教育效果，又必须注意形式为内容服务。班会需要学生积极参与，并最大限度地发挥他们的积极性和创造性，这就要使他们有兴趣、有需要。学生喜欢的是丰富多彩、有吸引力的活动形式，所以设计班会的形式，要考虑到为学生喜闻乐见，不能单调呆板。由此看来，班会的形式直接关系到班会活动的成败，关系到班会的效果，所以班主任必须注意班会形式的选用。常见的班会形式有以下几种。

1. 论理式班会

这种班会以直接提高认识为主，提出问题，针对问题，解决问题，一般用来对重大的问题进行论证和阐述，使学生统一认识、提高认识。论理式班会有多种样式，如直接地论理、通过辩论明理、通过研讨识理等。论理式班会的目的很明确，即把"理"说透，使学生信服，所以要论证有据、内容翔实、逻辑严密、思辨敏捷。组织这种班会，论点要抓准，要既有针对性，又是为学生所真正关心的问题；说理要有力、有据、有信，不能说空话，说假话，说强加于人的话；论证要活泼生动，要使学生在趣味中得到教益。论理式班会论题要集中，一次班会最好解决一两个问题，不能过多、过杂、面面俱到。论理式班会宜于在高年级学生中进行。组织这种班会要摸准学生中"问题"的焦点，要对论证的道理进行充分的准备，要考虑到出现不同论点时的"应急"措施，以及出现负面效果时应抱的态度及做法。

2. 交流式班会

这种班会主要用于学生间相互学习和相互借鉴，通过班会使学生好的经验和做法能得到推广。这种班会也可以用于外请的人物与学生交流，通过在班会上的沟通，达到学习借鉴的目的。开交流式的班会要创造一种气氛，即和谐、融洽，引发出学生对所交流的经验的钦佩和赞赏之情。如果学生只作为"听"的对象，往往效果不够理想。所以对这种形式的班会的准备要选好"交流"的对象，要做好交流者与同学之间在感情上的沟通，并要注意最好要成为真正的"交流"，而不是单向的传播。同学之间的交流，要有平时的基础，一是有"经验""事迹"的基础；二是要有大家的认同，即有群众的基础。组织这种班会，班主任要细致地了解和准备，否则容易走过场或是造成同学之间的隔阂。交流式的班会还要选好时机，要选择同学们关注某种问题的时候，或是大家对某种问题特别感兴趣，自己又苦于不能圆满解决的时候。这样的交流式班会备受欢迎，也会取得很好的教育效果。

3. 文艺型班会

文艺是学生喜闻乐见的形式，文艺型的班会可以活跃气氛，寓教于乐，使学生受到情感上的激励和熏陶，并从而收到教益。文艺型的班会一般通过班级内文艺表演的形式进行，如讲故事、唱歌跳舞、其他文艺表演，甚至是绘画、书法、摄影等形式。这种形式的班会是学生展示才能、发挥创造性的好机会，也是引导学生自我教育的好机会，还是培养学生组织能力的好机会，所以很受学生欢迎。班主任要尽量使多数学生都有"机会"，不要只是让文艺活动积极分子或有特长的学生活动，那样就会使另一部分人缺乏积极性了。因此组织这种形式的班会，班主任要动员多数人参与，尽量把内容扩展，即使没有文艺表演能力的人，也让他们有"活动"的余地，也能够各得其所，兴致勃勃。

4. 竞赛式班会

这种形式的班会是针对学生的竞争心理、好胜心理所采用的一种活动形式，在"两军"对垒中，融入哲理性、知识性或判断社会热点问题的是非性。这种形式的班会容易形成热烈的气氛。但准备不周又会偏离主题。竞赛式的班会内容有知识性的竞赛、判断是非的竞赛、某种能力的竞赛等。组织这种班会，班主任要确定和选准竞赛对手，使其有代表性，以使同学关注竞赛的胜败。同时，要动员和选派平时不大活跃的学生或比较不大关心集体的学生做竞赛的主角，特别要注意在准备过程中，要广泛发动学生参与，发动得越广泛，关注竞赛成败的人越多，效果也越好。班主任不要把竞赛的答案或"现成"的东西预先"给"学生，那样就会使学生只关注竞赛的"表演"或结果，而不大容易使他们受到教育。

5. 纪念性班会

纪念性的班会包括对历史事件和名人的纪念，对重大的节日、传统的节日的庆祝等。这类班会往往与社会的纪念活动、庆祝活动合拍，因此容易造成气氛，但也容易走过场。纪念活动、庆祝活动都有个鲜明的主题，同时又都有比较深的社会影响，因此其教育性容易把握，也容易为学生所接受。纪念活动、庆祝活动又都有社会上的"传统"纪念、庆祝方式，因此这种班会的活动形式好把握，特别是可以利用某些社会条件来丰富班会的内容，使班会活动能够多姿多态。组织这种班会，班主任要"出新"

和突出针对性。所谓"出新"即是突破老一套的纪念、庆祝方式，使得这样的班会有新意、有新鲜感、有新内容。所谓有针对性是要针对学生的实际，针对社会形势的实际，突出教育的目的，力求达到教育的效果。

纪念性的班会容易搞成形式主义，照例讲讲纪念或庆祝的意义，同学们表个态，演个文艺节目等。甚至年年如此，逢纪念活动都如此，这就达不到应有的教育目的，还会使学生形成淡漠心理，使班会空走过场。班主任组织和设计纪念性的班会形式也要灵活多变。同时立意不要过大过空，以避免不着边际。

6. 实践性班会

实践性的班会是学生参加实践活动比较集中的形式，通过这种班会，要使学生较集中地体会实践的意义，较突出地领会实践的内容，较集中地认识某一方面或某一个问题。实践性的班会的特点是耳闻目睹、有真情实感，能对教育内容印象深、领会快，能增加信任感，并容易受到情感的激励。因此，实践式的班会教育效果较好，也为学生所喜欢。组织设计实践性的班会，要注意内容集中、主旨鲜明、形式紧凑、帮助消化。

实践性的班会是在实践场所进行的，实践的"对象"又往往是多样的、复杂的，这就形成了与"教室里的班会"不同的特点。班主任组织这种班会活动，选题一定要集中，主题一定要鲜明突出。在有限的时间内，使学生的活动紧紧围绕主题，不受其他因素所干扰，使学生做、想、看，都有个明确的目的性。做到这点还要求做到形式紧凑，在实践中帮助学生领会、理解和提高认识，这样既易于体现班会的主题，又体现班主任的教育主导性，也易于学生认识的深化和强化。

组织实践性的班会，要与实践对象做好沟通联系，一次调查访问、一次公益活动、一次参观活动、一次观察活动……都要有的放矢，而要做到这点就需要得到实践对象的配合和支持。另外，在实践性的班会活动中，学生也可能看到与教育主题不同的东西，甚至是相反的东西，对此班主任要有正确的认识并做好教育的准备。所谓正确的认识就是要承认社会的复杂性，学生看到正、反两方面的东西是不可避免的，这也是实践性班会常会遇见的问题。重要的是班主任要能利用正面的东西教育学生，也要学会利用"反面"的东西使学生受到正面的教育。

7. 模拟式班会

所谓模拟式的班会就是创设一种情境，使学生进入那种情境中，以使他们感受到自身的责任，感受到"现场"的气氛而加深印象，更主要的是使学生增强主人翁感和积极参与的意识。同时模拟式的机会，也适合青少年的特点，还能增强他们的想象力和实践能力。这种班会组织得好，还会出现一种热烈的气氛，使学生产生广泛的兴趣和追求的心理。

一般模拟式的班会，有想象情境式的，如"与时间老人座谈""年的畅想"等；有实况模拟式的，如模拟法庭、模拟交通警察、"小朋友在敬老院""我是志愿者"等。总之，一是创设情境，创设一种有教育意义的环境；二是使学生成为这种情境中的一个角色。这样就能产生"身临其境"的感受，其"角色"意识就能不断增强，从而达到预期的教育效果。

雏鹰正在成长

主题：雏鹰正在成长

时间：某年 10 月 23 日（第九周星期四晚自习）

地点：初一（2）班教室

主持人：初一（2）班学生杜某、尚某

参加人员：初一（2）班全体学生

策划人：初一（2）班班主任赵老师

观摩人员：新校区所有领导、所有年级主任、所有班主任及部分教师

举办背景：第八周操赛中失利。流汗最多、费时最多、胜券在握的初一（2）班在比赛中由于紧张及其他因素最终排名倒数第二，当时学生情绪低落，抽泣声一片（感染了在场的好几名老师亦挥手拭泪）。为了使本班学生能很快从失败的阴影中走出来，以后能正确面对人生中的挫折，特举办此次班会。

筹备过程：时间四天。第一天，构思班会整个过程，初具雏形。第二天，征求李主任及高主任的意见，使环节衔接自然、内容更有了血肉，确定主持人，选择诗歌及朗诵者。第三天，在主持人写的串词基础上进行修改，

挖掘典型人物并布置任务。第四天，多次指导诗歌朗诵及主持演练，会场布置。

班会过程

一、致迎宾词：尊敬的各位领导（男）、各位老师（女），亲爱的同学们，大家晚上好（合）！我是杜某（男），我是尚某（女）。很高兴各位老师能在百忙之中参加我们这次班会，在此，我代表我们初一（2）班全体同学向你们致以最热烈的欢迎（男）！

二、开场白：（女）正值秋高气爽、花果飘香的金秋季节，我校举办了期待已久的早操比赛，我们初一（2）班尽管吃了不少苦、花了不少时间、流了不少汗，可比赛结果却未能如愿以偿。（男）为了使我们能够很快走出阴影，坚强地面对挫折，我们班特意举办这次主题班会——雏鹰正在成长！同学们，关于这次操赛，想必大家都有许多感受和比较丰富的体验，下面请同学们畅所欲言，说说自己的心里话吧！

三、同学发言

（宋某同学迅速站起边哭边说）在操赛前我们班特别注重细节训练，跑前的抱拳姿势，跑步时的精神面貌，拐弯时要跑成直角，步伐的整齐程度等，这些都是我班独有的。为了动作一致，我们一排一排地练、一列一列地练，最后一个一个地检查过关，这样的苦练使我们更加坚信我们班一定是最优秀的。何况，好几个班级都请我班做示范（包括体育老师的班）。比赛时我们的衣着打扮与众不同，每一个人注意力都高度集中，连我们叫队的声音都比平常大了一倍。公布成绩时，我们提心吊胆，虽然有了很大的把握，但还是怕万一。结果，成绩一出来，我们一个个立刻都像蔫了的皮球，我的眼泪顿时像断了线的珠子，不断地流。班长杜某抱头就哭。我们满怀信心拿第一，结果得了六个班级中倒数第二，我简直不敢相信这刺耳的成绩，竟然是我们费了那么大的事，流了那么多的汗，而换来的结果。

我认为这次比赛我的过错很大，上场时有些紧张，叫队的节奏太快，导致同学们步伐小、间距近，才扣了一些分，给班里抹了黑，在这里我对全班同学及老师说一声对不起！

（马某）我们班的体育干部为了班级的荣誉，从操练到操赛结束，每天都吃着药给我们班叫队，因此我认为他们叫得是最好的，我们班跑得也是最棒的。我们虽然没获得奖，可是在苦练中我们具有团结拼搏精神，我班已经有了极大的凝聚力，可以说我们是变相的成功！

（赵某某）在跑操比赛前两周，由于我的不小心，把自己的脚扭伤了。这个意外不得不使我暂时退出班级紧张的跑操训练。几天后，脚伤好了的我终于返回到班级进行训练，我这才发现自己落下的太多了。为了让自己不影响到整体，我用比别人更多的时间与汗水来弥补自己的不足。比赛的那一刻来了，全校下了工夫最多的我们班本应获得好名次，然而却被挤出三甲的行列。体育委员伤心，同学抱怨，我惭愧。都是因为我的缘故，影响了整体的发挥，要是我当时更加地努力训练，那么现在也许不会是这个结果。我对不起大家！

（李某某哭着）在这次操赛中，我们真的是竭尽全力，我们每天一排排地练，一个个地练，每次训练完我们都是汗流浃背，每天下午，初一(2) 班的口号在校园里回荡。可是当比赛结果出来时，我们惊呆了，竟然才得了第五名，这时我听到有好多同学都小声啜泣，我心里也非常难过，但是雏鹰正在成长，折断的翅膀依然飞翔！我们应当勇敢面对人生中的挫折，很快从失败的阴影走出来，迎接新的挑战！

（同学 1、同学 2……）（教室里一片抽泣声，后面有老师也在抹眼泪）

四、（女）下面请听诗歌朗诵（张某某《坚强》）

五、插入地震资料：（男）同学们，2008 年 5 月 12 日 14 时 28 分，在四川汶川发生了一次世界罕见的天灾——"5.12"大地震，催人泪下的那一幕仿佛就在昨天……（诗歌配乐朗诵天国文学《孩子，快抓紧妈妈的手》）

六、采访

听了这首令人心碎的诗，我们仿佛又看到了许多人被压在废墟之中，听到一声声凄惨的呐喊久久回荡在幽谷中。可是在经历过大地震之后的灾区孩子们都能够坚强地站起来，我们经历这点挫折又算得什么？我们有何理由不坚强地站起来呢？在我们身边也有许多坚强感人的事例。

（采访一）

（男）大家都知道月考考了我班第三名的胡某某同学，在国庆放假期间不慎胳膊骨折，但在我们教室里看到最多的就是他埋头苦学的身影，请问胡同学你带着伤痛还如此刻苦，到底为了什么呢？

（胡某某）我的左胳膊是在国庆节放假期间摔伤的。在来班级上学时我就想在那天请假，因为一只手学习很困难，还要穿衣服、洗脸，但我又想到老师平时为了我们班的事业操碎了心，我请假务必拖班级后腿，怎么能对得起她呢？我便打消了这个念头，暗暗下定了决心，月考一定要为我们班争光，就算是为了报答老师。这次月考我没有为班争光，下次，我一定会的！

（男）听了胡同学的一席感人的话语，请问你有何感想？

（李某）胡某某是一个学习好、又喜欢帮助同学的人，在我们跑操时候，他悄悄地一个人一只手提着拖把在教室、楼道里拖地，他的行为真让我感动，他的精神值得我们大家学习！我这次考试考了个倒数，我向大家说声对不起，再向老师说声对不起！

（王某）胡某某的胳膊受了伤，但是他每天仍然能坚持到校认真学习，而我们其他没有受伤的人有什么理由不好好学习呢？胡某某的精神永远值得我们大家学习。

（同学1、同学2……）

（男）看来胡同学真值得大家学习。

（采访二）

（女）袁某同学在开学以来五次数学考试中四次获得满分，真是数学天才，可谁知道他也是一个苦孩子呢。袁某同学，你能给咱班同学说点什么吗？

（袁某）我的父母都不在我身边，我要上学，还得给自己做饭，我也苦恼过，为什么别的孩子不用干的活我就得干？别人不用受的苦我就得受？后来我想通了，人一生都会遇到苦难，如果我们能把苦难化成前进的动力，不仅在成绩上，在各方面都会有极大的进步。谢谢大家！

（石某）听了袁同学的话，我感到特别惭愧。我在家里就是一个"小皇帝"，整天对爸爸、妈妈指这指那，在学校遇到不顺心的事，回家向爸爸、妈妈撒气，比起袁同学我吃的苦连他的1%都不到，人家还每次考满分，他这种坚强的精神，真值得我学习！

（白某某）人生就像一场旅行，没有荆棘和坎坷是不可能的，我们应像袁同学一样，在挫折中站起来，从困难中爬起来，把困难当成动力，还有什么能挡住我们初一（2）班前进的步伐呢？

听了袁同学的铿锵之词，同学们有何感受呢？

（同学1……）

（女）看来，袁同学真是我们学习的榜样。

（采访三）（推向高潮）

（男）周某某，听说你的家境特殊，能和大家谈谈吗？

（周某某边哭边说，泣不成声）6岁那年，病魔就把妈妈从我身边带走了，随着时间流逝，我渐渐淡忘了妈妈的笑容和声音，但永远无法忘记那温柔的双眸。就因为那渴望的眼神，鼓舞我在恶劣的环境中不断努力，才以优异的成绩考入宜中。可家境贫困无钱供我上学，经过几番周折才坐进这明亮的新教室里。我想我一定要刻苦学习，不负众望，让爸爸能有一个幸福的晚年。（教室后面的老师都在挥手拭泪）

请问，听了周同学的家境介绍你有何感想呢？

（范某哭着）我的家庭有爸爸、妈妈、姐姐和我，我的家庭很幸福，虽然不富裕，可比起周某某，我太幸福了。周某某，你不会感到孤独的，我的妈妈就是你的妈妈，大家都是你的亲人，我就是你的妹妹，你就是我的姐姐，好吗？想起我对妈妈发过火，现在我想对妈妈说一声："妈妈，对不起，以前我根本就不知道好坏，以后我一定会做妈妈的乖孩子"。

（刘某哭着）周某某从6岁便失去了母亲，她在单亲的生活环境中长大，她没有妈妈的爱，没有妈妈的关心，没有妈妈的呵护，而我从小像是泡在蜜罐里长大的，一遇到什么不顺心的事便嘟起嘴，掉眼泪，而周某某同学遇到什么委屈、什么不顺心的事，眼泪就只能往肚子里流。但她学习却很刻苦，她是我们班的生活委员，做事非常认真，谁知她笑容的背后竟有这么大的痛楚，所以，我会时时帮助她的，给她温暖。

（李某某哭着）周同学平时在班里是生活委员，她非常负责任，以前我原以为她的条件很好，可是，竟没想到她竟然是个没妈的孩子，有首歌唱到："世上只有妈妈好，没妈的孩子像根草"。周某某，你虽然很辛苦，可我没听到你喊一声苦，相信你一定是个坚强的人，厄运谁都会遭遇，可是你勇敢、乐观地面对了现实，你就是一个了不起的人，你是我学习的榜样。

谁还想谈谈自己的感想呢？……

（女）下面请听诗歌朗诵（窦某某《微笑面对》）

七、全体齐背班主任寄语

（男）听了以上同学的感言，相信同学们都已经成长了不少，那么，同学们知道我们的班主任对我们有什么样的期望吗？下面请同学们全体起立，携起手来！

（全体同学迅速起立，携手高举，慷慨激昂，齐背班主任寄语）喜迎清晨第一缕曙光，笑送黄昏那一抹斜阳，在这里有一片属于我们的天空。只要我们众志成城、齐心协力，初一（2）班一定是一个响亮的名字，一定会不断放射出炫人的光彩！三年后再看——我们——是——谁！！！

八、结束语

（男）秋天是一个收获的季节，（女）秋天是一个成熟的季节。（男）同百花盛开的春天一样令人向往，（女）同骄阳似火的夏天一样热情，（男）同万里雪飘的冬天一样迷人。（合）我们相信，初一（2）班的每一名同学都变得更加坚强、自信、乐观、奋进！一定会以健全的人格，优异的成绩来回报所有关爱我们成长的人！雏鹰在磨砺中一定会翱翔蓝天！最后，祝愿各位老师身体健康，工作顺利！

九、请领导讲话（给予了高度评价）

十、齐唱《五星红旗》欢送宾客

二、师生伦理谈话

（一）伦理谈话的含义

伦理谈话是指通过各种形式对学生说理，使他们明辨是非，提高认识，加强道德修养的教育活动方式，对此在前文已有概括论述，这里比较系统地说明这个问题。在班级工作中离不开伦理谈话，因此，它是班主任重要的日常工作。伦理谈话是使学生明白道理的必需的途径，教师把道理、知识传授给学生主要是靠讲解，同样，班主任对学生进行伦理知识的教育，主要也靠谈话。这种"谈话"是以预期的目的为出发点，是以多种"方式"

为手段，通过情感上的交流与认识上的认同，达到教育的目的。

伦理谈话在班主任工作中主要作用有以下几点。

第一，通过伦理谈话班主任可以向学生灌输事理，使学生明理。学生正是从班主任及其他老师的不断灌输的道理中提高认识，明白做人的道理，辨别是非善恶的。通过其他途径，学生也可以学习做人的道理，但都没有这种方法更直接、更系统、更深入、更细致。班主任在其整个工作过程中，总是以不同的主题向学生进行伦理教育，这种教育多数情况下是通过伦理谈话进行的。

第二，通过伦理谈话，班主任可以使学生学习到分析问题的本领，使学生不断提高分析问题的能力。世界上的事物是复杂的，社会现象也是复杂的，对这些事物和现象，班主任不可能样样俱到，都给予分析，都给学生明确的答案。这就需要学生具有认识问题、分析问题的能力，这种能力的获得在学校中，一是从书本上，二是在生活实践、人际交往中，三是来自班主任和其他教师在伦理谈话中的"示范"。班主任伦理谈话的说事论理的方法，常常不知不觉地成为学生认识问题和分析问题的方法，其道理就在这里。

第三，伦理谈话的作用不仅是灌输道理，同时也可以对学生已形成的错误认识和思想上的某些偏颇加以纠正，这就是所谓的说服教育。在"说服"过程中，班主任要指出什么是错的，为什么错了，这是伦理谈话的重要内容也是经常性的内容。学生在这样一次次谈话中纠正错误认识，形成正确认识，并逐步成长起来。

第四，通过伦理谈话，班主任向学生展示自己的人格和倾注情感，可形成更好的教育基础。伦理谈话，不论就其内容的选择，还是所采用的方式，都能体现班主任的综合品质。谈什么，怎么谈，针对什么谈，都有形无形地反映了班主任的思想修养与道德修养，而这是影响学生的极为重要的因素。伦理谈话，不是"谈"得"对"就可以使学生接受的，这里边能产生作用的重要因素是班主任的人格表现与情感表现。一旦学生感受到班主任的人格高尚，那就会产生更深刻的向师心理，这就为进一步教育学生创造了条件。伦理谈话也是师生感情交流的重要方式，班主任在谈话中感情洋溢，无疑会加深与学生的情感，这也会促使学生产生向师性，

为教育学生创造条件。

（二）伦理谈话的基本原则

伦理谈话是对学生进行教育的一种活动方式，因此也要讲科学性和教育性。伦理谈话要依据一定的原则性来进行，班主任不能有"话"就谈，不能随意教训学生，不能随时随地的去说教。伦理谈话要依据以下原则来进行。

1.针对性原则

伦理谈话要把握学生的实际，有的放矢；伦理谈话要把握切实的内容，使学生能够理解和接受；伦理谈话要把握时机，使学生愿意接受。这三项"把握"就是伦理谈话的针对性。不了解学生的实际，不从学生的实际出发，等于老师在空谈，是无的放矢。不把握"谈话"的切实内容，要么"文"不对题，要么失之偏颇，学生听了不能解决问题，也等于班主任在空谈。不看准"谈话"时机，虽然内容有针对性，也符合学生的实际，但学生处于思想、心理上的其他状态中，或者正是对"教育"格格不入的时候，这时去谈话，学生不仅听不进去，甚至会反感，也等于班主任空谈。有的班主任在实际工作中，常常是在进行"空谈"，花了很大力气去与学生谈话，结果成效甚微，其原因就是背离了针对性原则。

班主任在伦理谈话中遵循针对性原则，应该做到三个"不要"：一、不要急于求成，不能见"矛盾"就上，要善于看准火候，把握时机；二、不要"听风就是雨"，要善于调查研究，善于弄清事情的来龙去脉，善于把握是非；三、不要仓促上阵，夸夸其谈，浮浅不着边际，要善于把问题看深看远，要善于对谈话内容、可能出现的矛盾都作出较为周全的准备。至于有的班主任喜欢在学生面前，不分场合，不问学生的需要和情绪，不问是否有针对性，要么借题发挥，要么漫无边际，要么空谈道理，要么申斥训诫，这都是很不合适的。这样做不仅达不到教育学生的目的，还会使学生对班主任产生反感或冲淡有益的教育内容。

2.少而深的原则

伦理谈话要打中要害，使学生明理修身，得到认识上的营养。这种营养贵在恰到好处，贵在以少胜多。天下的道理太多，在教师的眼里学生应该知道的也应该很多。但实际上，学生不可能一下子吸收那么多东西，在这一点上仅有良好的愿望是不行的。同时，教师讲得太多、太频，当学生接受不了时，就会使他们对教师讲的道理产生距离感，这样就会使伦理谈话出现零效应、负效应。所谓少而深的原则，一是强调"少"，是指伦理谈话要讲容量，要简洁明了、中肯、说中要害；二是要深，即有深度、深刻、富于哲理性，对学生成长有深远意义。少而深是针对多而浅所说的，所谓多是指班主任的伦理谈话说得太多，次数太多。其原因是班主任主观上认为说得越多，学生受益越多。出现这种情况，多半与班主任缺乏明确的教育目的性和缺乏准备有关。所谓浅，是指只讲"当然"不讲"所以然"，在认识的表层上打转转，学生受益不多。其原因是班主任缺乏足够的理论修养和知识修养。因此，在伦理谈话活动中，班主任要对所谈的问题有较深刻的认识，能够融会贯通，而且又表达得清晰明白，有说服力。

3."灌"与"疏"相济的原则

伦理谈话的一个任务是把科学的理论知识、把正确的思想观点、把良好的道德要求从"外面"输送给学生，这就是灌输。灌输是教育者向学生输送正确的认识，或者说是思想品德教育的一种"先入为主"的手段。伦理谈话本来就存在着主客体的关系，即教育者与受教育者的关系。灌输正是教育者主体作用的正当体现，否则学生就形成不了正确的认识基础，形成不了正确的理论修养。强调在伦理谈话中向学生灌输正确的认识无疑是必需的、重要的。当然灌输不等于"填鸭式"，不等于不讲针对性，也不等于不讲究教育的艺术。所谓疏导，一般指疏通和引（诱）导。疏通和引导，二者既相联系又相区别。疏通即疏导沟通，把堵塞了的渠道疏通，把堵塞通道的脏物排出，否则新鲜的东西进不来，而成为一潭死水，事物就不能前进。人脑中的各种错误思想不清除、不疏通，新的、进步的、革命的和科学的思想就不会进入人的头脑中来，人的思想就不会提高和发展。引导，即循循善诱，因势利导，把人的思想、行为引向新的、正确的、健康的轨道，使之沿着正确、向上的方向发展。

把握"灌"与"疏"相济的原则，既是把正面道理从外部输送给学生，又要使学生思想疏通，能够自觉地接受正确的认识。这就要在伦理谈话中不同避矛盾，善于用正确的道理去辨析错误的所在，并使用说服的方法。

说理要力避"假大空",为了把"问题"说得"圆满",力图对学生有说服力,说空话、说假话、说大话,这是不能达到教育学生的目的的。"假大空"本身就是违背灌输与疏导的原则的,因为它既不能使学生得到真理,又不能使学生思想疏通。言谈有据、诚恳讲理、思辨清晰、逻辑性强,才是灌输与疏导所必需的。

4."情"与"理"相济的原则

伦理谈话的目的是使学生弄清是非,懂得事理,分辨真善美与假恶丑,并把这些内化为自己的认识,再外化为自己的行为。所以,伦理谈话就是把正确的道理交给学生。离开这一点,伦理谈话也是无的放矢,失去了意义。

伦理谈话是要学生接受道理,听得进道理,这就需要班主任以情感人、以情动人。所谓"动之以情"就是对学生"晓之以理"的前提。所以"情"与"理"在伦理谈话活动中,常常是相互关联的。

"理"是客观事物及其规律在人们意识上的正确反映。理在内容上是客观的,在形式上是主观的,其使用价值在于主观上接受了客观的规律。"情"是人对于客观规律符合自己需要时所产生的一种态度体验,需要得以满足,一般就会产生积极的情感,反之则会产生消极的情感。所以,伦理谈话要以情动人,使学生产生一种积极的体验,认为班主任讲的道理是自己的"需要"。从这一角度来看,伦理谈话离不开"情",没有"情","理"就很难进入学生的头脑。

把握"情"与"理"相济的原则,班主任在进行伦理谈话时,不能重理不重情。但是,重理不重情的情况在班主任工作中还是常见的,班主任不注重学生的情感因素,一说理就摆起教训学生的面孔,又不注意学生的情感变化,这就在伦理谈话时拉开了师生间的距离,当然难以取得效果。另一种重理不重情的表现是,班主任讲的道理深奥莫测,或是离学生太远,不能引起他们的关注和兴趣;或是虽然与学生有关,但讲得太玄、太高,这也会使学生产生距离感。还有一种重理不重情的表现是,班主任与学生缺乏应有的良好情感关系,平时总是申斥、批评学生,或是与学生之间彼此没有充分的信任感,这样也不能使学生对班主任讲的道理产生积极的态度。

把握"情"与"理"相济的原则，班主任又不能重情不重理。只注意与学生建立良好的情感关系，虽与学生没有情感隔阂，但不能给他们明确的理论指导或是不能使他们明白事理，最终还是达不到使学生真正提高认识的目的。有的班主任老师不注重以理育人，着意于学生对自己的感情上的依恋，这样的学生可能很听话，但往往认识上是浅薄的，在道理上又常常是模糊的。

总之，伦理谈话必须有感情的熏陶和激发，因此"晓之以理"和"动之以情"是相互依存、相互促进和相互补充的。为此，班主任必须注意在各种形式的伦理谈话中，都要做到"情"与"理"相济。用丰富的感情使学生增强对理的渴望和汲取，又用科学的道理使学生的情感得到不断的升华。这样"情"与"理"相济，才能真正达到伦理谈话的目的。

（三）伦理谈话的方法

伦理谈话看似平常，似乎可以随意进行，因此班主任常常忽略对它的研究，更不去注意方式方法。有的班主任老师甚至认为只要讲的是正确的道理，只要为了学生"好"，采用什么方式方法都无所谓。其实不然，伦理谈话是一种学问，是一种教育人的艺术，同样的话，用不同的方式方法来说，效果可能完全不同，其道理就在于此。伦理谈话一般分为两种形式，一是对学生集体的谈话，一是对学生个人的谈话。

对集体的谈话主要是对学生进行共同的教育，可针对某一个问题，可针对某几个问题；可从正面向学生灌输某种道理，也可从反面批驳某种错误观点。其主要目的是告诉学生事理，使他们提高认识，辨别真善美与假恶丑，增强抵制错误观念和观点的能力。这种集体性的伦理谈话一般是在特定的时间内，如班会、班级活动，或专门拿出时间向学生宣讲的。对集体的伦理谈话要提出大家关心的普遍性的问题，其对象是全班学生，不是讲给"一部分人"听。就是说不能把对个别人和某些人的教育拿到集体中进行。

集体的伦理谈话有时是采取"宣讲式"的，主要是班主任向学生讲道理。这种方式的采用，一定要有合适的气氛，要先启动学生的兴趣和受教育的积极性，否则这种伦理谈话效果并不好。宣讲式的谈话要主题鲜明突出，表述明晰有力，内容和表达都有一定的吸引力。这种形式的伦理谈话不宜过长，内容不宜过多，要恰到好处、适可而止。

集体的伦理谈话的另一种方式是采用讨论式（或是座谈式），主要是通过交流的方式对学生进行教育。有的班主任对待这种"小结"不够重视，只是对"活动"本身或辩论本身表个态，而忽视从道理上使学生提高和升华，这往往会失去教育的机会。进行"小结式"的伦理谈话，要求班主任有充分的准备，要对问题有深入和正确的见解，要用简洁的语言、恰当的论证，使学生心服口服。班主任要在不"伤害"学生的积极性的情况下，把道理说清说透，以使学生既提高了认识，又心情舒畅。对一时不能下结论的问题，班主任要启发引导学生求得更深的认识，并指导学生进一步探索问题的途径和方法，力求做到虽然问题暂时没有解决，但激活了学生求知的兴趣，引发了他们的思维，指给了他们探究的途径。这样做对于各种形式的伦理谈话都是重要的，这就是教育的扩展和延伸，对学生的成长是有益的和必需的。

对学生个人的伦理谈话或对少数几个人的谈话，也要讲究方式方法，因为注意使用良好的方式方法能取得满意的教育效果，而不注意谈话的方式方法还可能产生副作用和消极的影响。

一般进行个别伦理谈话有以下几种方式方法。

1. 解疑式

当班主任感到学生心存某种疑惑，或发生了某种难以解开的矛盾，或是学生找到班主任讲出自己的疑问，这时的谈话就是解疑式的。这种谈话形式的特点表现在内容是难以预料的，但针对性很强，学生迫切要求得到答案。解疑式的谈话要求班主任必须使学生解开疑团，或提高认识，或得到心理障碍的缓解。这种方式的谈话要特别注意学生的情绪和态度，这种"解疑"不同于解答学生上课的问题。因为学生形成疑惑都有个思想斗争的过程，有时候"偏颇"占了思想的主导，那是不容易一下解开的。进行解疑式谈话，班主任要摸准学生的疑点，要掌握学生的思想和性格特点，并注意找出疑点形成的原因。

在解疑式的谈话中，有时候一次谈话或许解不开学生的疑团，这时班主任不必急于取得教育效果，但要注意找出教育未果的症结所在，为下一次谈话做准备。对于学生主动找班主任谈出的疑问，班主任能够圆满解决的，可以立即进行谈话，如无十分把握，或者背景情况不明，班主任可以先摸清问题的来龙去脉，做好稳定学生的工作，待准备好以后，再找学生谈话，这样既使自己有了准备，又不会失去教育学生的机会。这种谈话要把内容范围限定在学生的"疑问"内，不要借题发挥，更不能借此来指责学生的其他不良表现。

2. 谈心式

谈心式的谈话进行的前提条件，一是班主任与学生的关系融洽，有谈心的可能；二是班主任对学生有相当的了解，有谈心的指向和目的。谈心式的谈话其特点是气氛随意，班主任与学生都觉得自然、和谐，往往看似在闲谈，却使学生得到道理和为人处世的学问。因为是在"无主题"的随意气氛中谈心，这就要求班主任善于把握时机，善于把所谈内容赋予教育的意义，这种教育，有时是针对性的，有时又是使学生增长知识和经验的。因此，班主任平时要有足够的教育学生的"材料"和较为广博的知识修养，这样才能避免在谈心中浮浅无益，也能避免在谈心中自己掌握不了主动权，更能避免这种谈心变成庸俗的闲聊。

3. 批评式

所谓批评式的谈话，是指谈话的内容重在批评学生的错误或侧重于对犯错误的学生的教育。批评学生或对犯错误学生进行教育，会遇到两种隋况：一是学生已认识到了错误；二是学生还没有认识到错误。对于第一种情况，班主任要帮助学生既深刻认识错误、查找原因、吸取教训，又要丢掉包袱、减轻压力、振作向上。处于这种状态下的学生，往往顾虑重重，他们更多的是关心"面子""后果"等。所以，班主任还要引导他们去更深地认识错误，帮助他们找出前进的起点和克服缺点的有利条件，使他们有信心，有正确对待错误的态度。这时候要注意不能"火上加油"，不能给这些学生施加压力，使他们背上更大的包袱；当然，也不能认为学生已经知错了，就轻捕淡写，放弃教育的机会。对于第二种情况，班主任要针对具体学生，严肃地指出其所犯错误的原因、性质、危害，并说明道理，分析他们"不知错"的障碍，要晓之以理、动之以情，使他们认识错误，并知道错误在哪里。这种谈话既要严肃，又要中肯；既要有一定的严峻的态度，又要使学生悟到班主任的真诚；既要对学生的错误指出危害，又要入情入理，恰如其分。班主任在进行这种谈话时，尤其要有耐心、有涵养，要做"谈不通"的准备，要让学生心服口服。班主任还要注意不要在学生"不接受"批评时失去冷静，或是从语言上、态度上去伤害学生，这样会得到适得其反的效果。

4. 迂回式

迂回式谈话是指班主任在与学生进行伦理谈话时，不直接入题，而是采取由远到近，由"相关"问题到切入"正"题，由其他问题引到教育意图的谈话方面。

迂回式谈话，能使学生消除抵触情绪，减轻谈话时的心理负担或压力，也能解除对班主任的戒备心理。进行这种方式的谈话多半是针对学生思想上压力较大的问题，或是对心理过度紧张的学生。迂回式谈话的主要要求是处理得自然、顺畅，不能使学生感受到班主任在有意"拐弯抹角"。同时，谈话中从远到近，从其他问题到"主"题，要联系合理，衔接入扣，切入自然，使学生在整个谈话过程中，恰当地被引入正题。从远到近，有时候是从学生感兴趣的问题入手，有时候是从班主任与学生的情感沟通入手，有时候是从"当前"学生关心的热门话题入手……这种选择要因时、因事、因人而异。

迂回式的谈话是一种较有效的谈话方式，但也是较难把握的谈话方式。其主要难点是迂回是否得当，离题太远不行，达不到情感沟通不行，学生没"进入"谈话的必要条件中不行。所以，班主任必须对学生特点和要谈的问题有所准备，要找好切入点，了解学生的关心点，熟悉学生的性格，大致设计几种谈话应变的方案，也要注意不要急于求成，不要因为学生不配合而情绪上失去控制，更不能"迂回"不成弄成僵局。

5. 应急式

应急式的谈话是在特殊场合、特定条件、特别事件中进行的谈话，其目的是为了不使事态发展，或是为了暂时平息某种矛盾，或是为了紧急地了解必须知道的情况，如学生发生了特殊的矛盾，遇上了紧急问题，或是需要学生提供某种情况等。

应急式谈话必须有个"急"的背景，即如果谈话不进行，解决其他问题就会出现障碍，或是学生自身就会发生某种不利的情况。对于学生中出现了特殊的问题或矛盾，一般通过应急式谈话是要使事态平息，矛盾缓和，最终目的是为了完全解决矛盾。所以，这样的谈话要以疏通为主，以讲清利害为主，以通过谈话使事态或矛盾暂时平息为主。这种情况下要弄清是非曲直，要对学生进行圆满的教育是不大可能的。对于在特殊情况下要向学生了解必要的情况，也要以晓以利害、疏通思想为主，要通过应急的谈话，尽量使学生吐露真情。像这样了解型的应急谈话，效果往往不明显，这就要班主任特别注意不要急躁，不要感情用事，不要采用粗暴的措施，否则于事无补，还会伤害学生。

应急性谈话，因为"急"，常常会因班主任缺少充分的准备，也会因学生的情况不同，出现不够理想的效果，所以如无非常必要就不要采用这种方式。同时，班主任平素要加强对学生情况的掌握，要与学生建立良好的关系，这样就能为应急式谈话建立较好的基础。

6. 启发式

启发式的谈话是指班主任与学生谈话时启发学生思考，启发学生去发现问题和认识问题，谈话的答案让学生自己得出。这对培养学生解决问题的能力，培养他们动脑筋想问题，培养他们更深刻地认识问题都有很大的好处。这种谈话尤其适用于隋性较大的学生，适用于依赖心理较重的学生，适用于面对多种"选择"的学生。

班主任在伦理谈话中，常常习惯于告诉学生现成的东西，这本无可非议，但却对学生独立认识问题、独立解决问题不利，最终要么使他们养成更大的依赖性，要么会使他们缺乏适应复杂环境的能力。进行启发式谈话，目的和议题要十分明确，不能随意漫谈，启发什么，达到什么目的，班主任心理都要清楚。更重要的是用什么启发学生，在什么时候启发学生，班主任也要有很好的考虑和较充分的准备。因此，进行启发式的谈话，班主任要针对学生的实际，选好时机、选准议题，有的放矢地进行。

班主任对学生进行启发式的谈话，成败关键还是体现在班主任与学生的关系上。没有学生的信任和尊重，没有在学生心目中树立起一定的威信，班主任是难以启发学生的。所以，班主任不仅要研究探索在伦理谈话中如何采用启发式，更要着眼于与学生建立和谐的关系，最好能做到与学生心心相印，使学生对班主任的一个眼神、一种手式，甚至某种暗示都能理解，并悟出其中的含义。有时候在伦理谈话中，学生受"启"而不"发"，其原因除了班主任的方法不当，谈话时机不合，主要是学生与班主任的关系还不够融洽和协调，这一点班主任必须要想到。

7. 系列式

系列式的谈话是针对某个学生（针对全班学生也可采用）的系统的循序教育的一种谈话方式。采用这种方式，主要是由于对学生教育的难点较大，或是教育的信息量较多，因此要分步骤、有层次地进行，以形成教育的系列。采用系列式的谈话能够使学生容易接受，因为每次信息量不大，适可而止，留有余地，不会形成较大的负担和过大的思想压力。

系列式谈话，班主任比较容易把握，又因为有谈话的间歇（每次谈话之间），班主任又有同旋的余地，以利于适当的调整。系列式谈话是个循序渐进的过程，一个系列一般围绕一个主题，有益于学生重点认识某个问题，能够使他们的认识得到强化。系列式谈话可以综合利用伦理谈话的其他形式，可商谈、可解疑、可启发、可迂回……其形式选择的灵活性较大，也有益于取得良好的教育效果。

8. 循异式

所谓循异式的谈话，就是要区别对待谈话内容、谈话方式和谈话场合。学生有年龄特点的区别，有性格特点的区别，有男女生的区别；谈话内容有褒扬和批评的区别，有可以公开和不宜公开的区别；谈话的性质有侧重于理性的教育，有侧重于榜样示范和形象性的教育；谈话的态度，有的要有严肃、有刚性，有的要舒缓、滋润。这就向班主任提出了伦理谈话的循异式的课题。不掌握循异式，就不可能有针对性，而缺乏针对性，就不能产生良好的教育效果，不能达到谈话的目的。对于激励性的教育，则宜于有声有色，对于不宜公开谈的问题或某些批评的内容，则要注意背后谈、私下谈，不使问题扩散。对于屡教不改的学生，则要注意有刚有柔，使其有一定的压力并感到有希望；对于初犯过错或过错轻微的学生，则要态度和蔼，语气和缓，但要指出错处并给予具体的指导。总之，要注意学生的差异，也要注意教育内容的差异，还要注意方式方法和态度上的差异。

总之，伦理谈话是班主任的一项重要工作内容，又是一项创造性的教育手段。每种形式的谈话都不是一成不变的。单就某种形式的谈话而言，也是不能够拘泥于固定的模式的。所以，班主任要因人、因教育内容、因时、因环境背景与氛围而不断地调节和使用伦理谈话的方式，或使他们相互交叉和渗透。伦理谈话的教育效应也是同班主任的基本素质和综合品质分不开的。所以，伦理谈话既是一种双向的效应，又要求班主任充分发挥主导作用。伦理谈话不是班主任与学生简单的"对话"，不只是人与人之间的一般语言传递，它是一种教育手段。班主任要把握这种手段，必须使自己思想更深刻、知识更广博、情感更真挚、语言更艺术——这其实是对班主任的无止境的要求。

三、对偶然发生事件的处理

（一）对偶发事件的基本认识

偶发事件就是学生中偶然发生的事件。这样去界定偶发事件仍然不能忽视某些偶发事件的必然因素，把所有的偶发事件都看做"偶然"的、意料之外的，其实是不恰当的。因为确实有些偶发事件有其"必然"的因素，对此班主任要有较全面的深入认识。偶发事件的发生往往对班级工作、对教学、对学校正常秩序产生较大的影响，所以班主任要防微杜渐，尽量不使偶发事件发生，同时又要处理好已经发生的偶发事件。

偶发事件有的是发生在人际间的，有的是因为一些始料不及的因素，或是某种已有的矛盾的爆发，或是本已缓和的矛盾的突然激化。这些矛盾可能是师生之间的，可能是同学之间的，可能是学生与家长之间的，可能是学生与社会某些人之间的。偶发事件的发生可能是由学生引起的，也可能是学生在被动中（如意外伤害、重大事故、灾害等）引发的，甚至是某些恶作剧和学生性格异常所造成的。还有的偶发事件，本不是学生自身的矛盾，但却使学生受到严重影响，以致造成某种后果，如家庭中的突然变故、其他事件的牵连等。总之，偶发事件的特点是成因的不定性，出现的突然性，后果的破坏性，教育处理的紧迫性。

（二）处理偶发事件的基本原则

偶发事件虽然其内容和形式各异，但因为一般都有共同的特点，所以班主任也能够遵循一定的原则来处理。这些原则主要有以下几点。

1. 了解情况、把握分寸

偶发事件发生后，学生一般都处在不冷静的状态中，从而会形成一种紧张的气氛。这种气氛常常会影响到班主任的心理，使班主任容易冲动和急于解决矛盾。由此又使班主任忽视对偶发事件成因和来龙去脉的认真了解，这样就难以把握处理偶发事件的分寸，甚至会造成处理不当或处理失误的情况。遵循了解情况、把握分寸的原则，即班主任在偶发事件出现后，要立刻了解情况，认真分析，并把握处理的分寸。而尤其要注意的是，在偶发事件出现后，不能偏听偏信、主观臆测，或是只从"现象"来认识问题。偶发事件从现象上看是突发的，往往必须及时处理，所以给了解情况带来了困难。在这种情况下，班主任不要急于下结论，不要急于判定是非，而要把矛盾暂时"平息"，进一步了解详情后，再采取适当的教育方式和方法。

2. 冷静处理

偶发事件的发生，往往会出现很极端的情况，这时学生十分激动，集体也十分紧张，学生十分关注班主任的态度和情绪。所以，处理偶发事件时，班主任要遵循冷静沉着的原则，尽量做到态度积极而憎爱不行于色。班主任冷静沉着不仅能够使学生情绪稳定，同时也是对学生的一种教育和示范，使他们也养成临危不乱的作风。遵循冷静沉着的原则，班主任要做到迅速果断处理应急情况，化解激化的矛盾冲突，稳定当事人的情绪，对全班同学（如果涉及面很广的话）提出要求，并随机采取些必要的措施。此时班主任不能情绪激动，不能过多地去指责学生，不能慌乱无措，不能表现出无能为力。

3. 尊重学生、以诚待人

处理偶发事件，比较常见的麻烦是学生与班主任不协调，甚至存有戒心，甚至存有敌意。学生处在突发的矛盾漩涡中，有这样或那样的不协调，或是产生某种对抗情绪是可以理解的，有时候不完全是理智所能左右的。因此，班主任处理偶发事件时，要用诚恳亲切的态度对待学生，要尊重学生的人格和保护学生的隐私，并以此作为处理偶发事件的一个原则。遵循这一原则，班主任要真心真意帮助和开导学生，使学生在班主任诚恳亲切的态度中感到温暖，这是处理偶发事件的一个重要条件。

4.教育大多数学生从偶然认识必然

偶发事件多半是比较孤立的事件，也多半发生在少数学生身上。但处理偶发事件却要着眼于大多数，着眼于教育的效能。除了有某种隐私不宜在学生中公开的事件，多数的偶发事件都是可以作为教育的内容的。就是说班主任处理偶发事件，不仅仅是要解决某个具体的矛盾，而是要通过对偶发事件的处理，使学生总结经验教训，学习如何处理生活上的、思想上的矛盾，使多数学生受到教育。遵循教育大多数的原则，班主任处理偶发事件要借"题"发挥，从偶然的、个别的事件中，让学生找出某种必然性，某种值得吸取的经验和教训，某种问题的处理办法。这样学生就会从某个具体事件中，提高认识能力、判断能力和解决问题的能力。同时，学生也能在班主任处理偶发事件的过程中，丰富生活经验，掌握为人处事的本领。所以，班主任不要就事论事，不要仅仅着眼于解决偶发事件，更不能去掩盖矛盾。

(三) 处理偶发事件的方式方法

依据处理偶发事件的原则，一般情况下，班主任在处理偶发事件过程中，应该做到以下几个方面。

第一，做到心中有数，坚持有的放矢。

心中有数是处理偶发事件的前提和基础，班主任要充分掌握情况，做到是非明晰、判断准确，责任清楚，并能够把握处理的分寸。这样才能做到解决矛盾和教育学生时有的放矢，才能使学生心服口服，并达到教育大多数学生的目的。

第二，做到感情沟通，坚持以理服人。

班主任在处理偶发事件过程中要与学生进行情感上的沟通，以爱护和关怀作为处理与学生关系的基础。能够与学生感情上靠拢甚至贴近，就会产生教育学生的基础，这样进一步了解学生的工作就比较容易做了。有的班主任在处理偶发事件时，特别是对犯有错误的学生态度生硬，情感淡漠，使学生望而生畏，不敢说真话，不敢向教师交心，其结果势必造成处理偶发事件的困难，甚至留下后遗症。不能与学生情感沟通，多半是班主任急躁情绪和不够冷静引起的，所以班主任要特别注意加强修养，注意控制自己的情绪。

第三，淡化负面影响，坚持"冷处理"。

偶发事件可以引出许多负面影响。这些影响不仅有心理的、认识上的，还可能对正常秩序造成干扰和破坏，甚至助长某些不健康的东西。偶发事件发生后，班主任一方面应该考虑到，这一事件会引起什么反应，会波及哪一些或哪一类学生，然后在处理偶发事件时，要注意对这些学生的教育。另一方面，班主任对可能产生某种较大负面影响的偶发事件，要采取淡化的方式：在情绪上平稳，不能急躁、失控；在气氛上要舒缓，不能造成紧张；在处理方式方法上要从容，不要手忙脚乱；在处理结论上要深思熟虑，不能轻下断语。班主任的这种态度，本身就能起到稳定学生、淡化负面影响的作用。当然，也有的偶发事件能够形成积极的影响，能对学生产生教育作用。对此，班主任也要采取持重的态度，以使正面影响产生更深刻、更广泛的作用。

要指出的是，班主任淡化偶发事件的负面影响，不等于把事情压下来不作处理，或不及时处理。班主任在淡化负面影响的同时，要做更深入的调查了解，要更仔细地去思考教育对策，以使学生得到更多正面的东西。

班主任在处理学生中发生的各种问题时要"冷处理"，不要"热处"理。在发生偶发事件时，学生多半头脑过热、情绪不稳，因此很难心平气和地接受教育。班主任在对待突发事件时，也很难有较充分的教育准备和冷静细致的分析。这样就形成了学生心理准备不足，教师教育准备不足，此时去"热处理"，就难免发生失误或难以取得更好的教育效果。有时候教师和学生都在"热"当中，又往往容易形成僵持状态，不仅达不到教育的效果，还会引发师生之间的新矛盾。所以，教师处理偶发事件，要尽量避免"热处理"，坚持"冷处理"。"冷处理"是从学生的心理状态和受教育的思想准备状况提出的，也是从教师的教育效果提出的。

四、计划、总结与学生操行的评定问题研究

计划、总结、学生操行评定是班主任的常规工作，做好这些工作对班主任管理好班级集体，教育好学生具有重要意义。

（一）班级工作计划

1. 班级工作计划的重要性和制订依据

班级工作计划是班主任工作的基本要求的科学的体现，是班主任工作的准绳和依据，是班主任总体工作的起点和归宿，是班级工作的重要手段。一名优秀的班主任，在工作中总是心里有谱，对工作的进程总是把握得有条不紊，对班级开展的活动总是活而不乱，对学生的管理教育工作总是协调有致、目标明确，究其原因就是他们的工作计划制订得体、实施计划认真。制订班主任工作计划，不仅能够把握班级各方面的工作，还有利于班级工作的评价和落实，也有利于调节某些方面的工作。

有些班主任不大注意制订班级工作计划，或是制订时没有认真从工作实效上着眼，因此他们总是缺乏系统的工作要求和明确的长远的目标。由于没有明确的、可行性的计划，这些班主任的工作随意性较大，他们常常是想起什么教育什么，感觉到什么教育什么，发现什么教育什么。这样的班主任工作就不能够对学生的成长有明确的培养目的，对学生的教育就不能形成科学的、系统的、完善的内容。这样的班主任在领导组织管理班级活动时，往往会事倍功半。

还有的班主任，凭经验和具体工作要求来领导和管理班级集体。从表面看，这些班主任成天忙于工作，实际上是跟着学生、跟着矛盾走，非但不能发挥班主任的主导作用，而且也会陷在具体矛盾中。所以，制订班级工作计划是班主任的一项极为重要的工作，制订出可行的、比较得体的班级工作计划，不仅能使班级工作顺利开展，而且也能使班主任不断提高工作水平。

制订班级工作计划必须依据一定的条件要求，以使班级工作计划符合学校工作的方向。这些依据如下。

第一，学校工作目标和工作计划。

班级工作是学校整体工作的一个组成部分，因此班级工作计划的制订必须按学校工作的要求，并给予具体化。学校工作计划中对班主任工作、对学生都有明确的要求，班级工作必须按着学校总体要求去做，所以在班级工作计划中，就必须要体现学校的要求。一般情况下，学校工作计划都是学校工作的整体要求，而班级工作计划却要结合班级工作特点，用比较具体的内容反映学校的要求。离开学校工作计划，另行规定一些其他内容是不可取的，也是不允许的。

第二，依据班级集体的实际。

制订班级工作计划必须把握针对班级集体的实际。依据班级的实际是指将班级集体的现实状况作为制订计划的起点，既不能拔高也不能降低。其合适的尺度是经过一定的努力能够完满做到的。过高，做不到；过低，无意义。依据班级实际还是指把握班级集体现有的潜力。计划是体现一定追求的目标和为此采取的措施，这种追求可高可低、可多可少，其实现程度决定于集体潜力的发挥。所以，班主任在制订计划时，一定要充分了解学生，充分估测学生的潜力，这样才能够使班级工作计划既有一定的高度，又确实能够实现。

第三，依据学生的特点和教育的规律。

制订班级工作计划要充分考虑到学生的特点，这个特点既包括青少年的共同特点，也包括本班学生的特点。这样的班级工作计划有生气，能为学生所乐意接受，也能真正贯彻执行。所以，制订班级工作计划时刻要想着学生，要想到是要靠学生去开展活动，必须摒弃模式化和成人化。制订班级工作计划尤其要符合教育的规律，在教育理论指导下确定工作的目标、内容、活动安排及措施等。没有理论的高度，缺乏理论指导的班级计划，势必会成为工作的排列，或是局限于具体工作的安排，这样的计划很难具有科学性，也很难体现出更深刻的教育效果。

2. 制订班级工作计划的要求

（1）班级工作计划必须有正确的方向性

班级工作计划是班主任与学生共同实施的活动要求和工作指南，它引导和要求着学生的进取方向。所以，班级工作计划必须有正确的方向性，它的宗旨必须是健康的、符合社会正确方向的、引导学生健康成长的。从大的方面看，班级工作计划必须符合学生品德、智力、体质等方面都得到充分发展的目标要求。从具体活动上看，班级工作计划又必须是正面积极的、有利于学生成长的、符合教育规律的。根据这点要求，班级工作计划要包括较全面的内容，不能只是工作日程安排，或者只是学习方面和组织纪律方面的要求。

（2）班级工作计划要体现纵深要求和连续要求

班级工作计划内容要逐步深入，有层次、有发展，每一步都是前一步的深化，体现出班级活动和学生成长的不同高度。就是说班级工作计划是立体的、多维的，不同阶段的要求是不同的，是逐步提高的。班级工作计划又必须是连续的，是在一个方向上、一个线索上逐步发展的。班级计划内容切忌蜻蜓点水，切忌在平面上展开，切忌罗列各种活动。这就要求班主任既有宏观整体的意识，又对计划内容心中有底，能够在制订计划时规划出整个班级集体成长和发展的蓝图。

（3）班级工作计划要内容充实和具体

班级工作计划要有充实的内容。所谓"充实"，是指班级各项任务明确，措施具体，可操作性强；也是指班级计划内容完整，能够体现学校工作的各个方面。在制订班级计划时，最容易出现的弊病是内容空洞，有时只有个大框架而没有血肉。如果班级计划空泛，势必难以操作，缺乏可行性。

班级工作计划还要突出重点，既体现班级工作的主攻方向，又协调有序，顾及各个方面，这也是内容充实的表现。在制订班级工作计划时，也要留有余地，既要积极主动努力实现计划目标，又要留有一定的余地。这样既便于计划执行过程中的调节，也能够保证计划的落实。假如计划订得太满，看似内容充实，但由于某种原因实现不了，反倒会使计划失去意义。

（4）班级工作计划要有先进性和创造性

班级工作计划要有先进性，即能够体现对学生成长的要求。这种要求应该是超出"学生现有的表现"，更应该是时代与社会要求的具体化。所谓先进性，是指根据本班学生的实际，通过"计划"的实施，使他们能够达到合乎社会要求的进步和发展；也是指班级工作计划立意先进、观念先进、内容的措施先进。班级工作计划还要求有创造性，这既是对班级工作总的进程而言，也是对班级工作计划的不断创新而言。班级工作计划不能总是"老"计划的翻版，班级工作内容、形式不能总是老一套。社会在不断地变化，教育在不断地进步，学生在不断地成长，因此反映在班级工作上也要不断创新，不断有新的突破，不断有新的内容。也就是说，应该以创造性的内容推动班级工作不断前进。

3. 班级工作计划的内容和制订方法

班级工作计划有几种样式。从内容上可分为综合班级工作计划（这种计划涉及班级工作的各个方面，是班主任工作必需有的）和单项工作计划（这种计划是专用于某项工作的，一般不要求每个单项都订计划）。从时间上可分为班级总体工作计划（以一个学历阶段——小学低年级阶段、高年级阶段，初中阶段，高中阶段）和学年工作计划及学期工作计划，有的还可制订半学期（比如以期中为界限）的工作计划。其中，学年工作计划和学期工作计划是必须制订的，这是对班主任工作的基本要求。

（1）班级工作计划的内容大致可分为以下几部分。

第一，班级基本情况和学生情况的概括分析。

这种分析要简明扼要，切中要害，要真正把问题抓住。对于新接手的班级，班主任做这种分析概括比较困难，因此要预先做好调查了解的工作。了解的主要对象是以前的教师、家长、学生自身。对了解到的情况要认真分析，不可听什么就"相信"什么。对一些问题学生和特殊的学生，还要设法多与他们接触，要去寻找他们的闪光点和矛盾点。在掌握情况的基础上，班主任要作出概括分析，这种分析越准确，制订计划就会越切实可行。

第二，学校工作要求及本班工作的目标。

班级工作目标是以学校要求为方向确定的，虽然各个班级的情况不一样，但对学校的总要求必须体现在班级工作计划内，而且要做到不折不扣，否则学校工作就无法保证，班级工作就会偏离。班级工作目标是班级工作计划的宗旨，是班级工作的核心，是班级工作的出发点和归宿。确定班级工作目标，要经过认真思考，并且要表达准确、含义清楚，能形成具体的要求，切忌用空洞口号，切忌语义双关，切忌有很大的伸缩性。对学校的要求要结合本班具体情况，在学校总目标的范围内做些"速度""次序"的调整，但不能改变学校目标和要求。

第三，执行计划的具体措施。

班级工作计划所列各个项目，都要执行贯彻，必须条条落实。为保证计划的落实，就要有具体落实的措施。这些措施包括完成计划的具体责任者、活动范围、活动时间、活动安排、活动方法、活动所要达到的目的要求，以及这一活动与其他活动的协调等。措施是执行计划的保证，尤其是责任者一定要确定好，这样能使计划不至于落空，同时也易于调动多数学生的积极性。另外，计划项目开展的时间，要留有余地，即在计划内要写明执行计划的准备时间，以免临时应急，徒有形式。班级工作计划内有些经常性的内容，更要有具体安排（如负责人、时间、要求等），不能一笔带过，无人去落实。如果某项内容过多，不宜写入班级工作计划内，也可写出单项计划。

第四，实施计划的评估和检查。

班级工作计划是微观计划，涉及了许多具体活动，因此容易执行，也容易落空。容易执行是因为其可操作性较强，可以贯彻实施；容易落空是因为这种"经常性"的计划，常常会被冲掉、被忽视，或者流于形式，达不到真正的目的。为确保班级工作计划能够实施并达到预期的目的，在班级工作计划的内容上应写上评估和检查的要求，以及评估检查的方式、时间、责任人和奖惩的办法。这样的内容写在计划内，一方面会使班主任与学生增强执行计划的积极性；另一方面能使班主任对计划的执行心中有数，同时易于评价优劣和调整计划中不适当的内容。

（2）班级工作计划的制订和实施，一般要把握以下的步骤和做法。

第一，了解学校工作计划的精神和本班同学的实际情况，充分调动学生的主动性。

对学校工作计划的要求、目标和内容，要有深刻的理解。班级工作计划是学校工作在班级工作中的体现，对学校工作计划有较深刻的理解，才能使班级工作计划符合学校计划的要求。对学校工作计划的深刻理解，表现在班主任与学生都能了解学校的要求，明确自己的责任。对本班学生的情况也要摸清摸准，形成师生一致的看法，主要是使师生都认识到本班同学的特点、优点和不足，认清本班学生潜在的动力和积极进取的突破点。了解以上两个方面（学校和学生），对制订计划十分重要，不仅能够突出班级工作计划的方向性，也能增强班级工作计划的可行性。

具体做法应该使师生都熟悉学校工作计划，班主任要组织学生学习和讨论学校工作计划，并弄清学校工作计划的意义、要求、重点。这既

完美的班规

是使师生深入和正确了解学校要求的重要一步，也是对学生的一种动员。更重要的是这样做能增强学生的主人翁责任感，增强学生对班级工作的参与意识和责任感。

制订班级工作计划，不是班主任个人的事，而是所有执行计划的人共同的事。班主任与学生熟悉学校工作计划，共同制订本班的工作计划，都是为了使学生更好地发挥主体作用。班主任不能闭门"造"计划，不能"仿制"学校计划，也不能在制订计划时把学生放在被动的位置。

学生参与制订计划，最好要在他们较深刻理解学校工作计划的基础之上，由他们自己提出相应的班级工作计划内容，班主任只做引导、协调、指导的工作。最好能够在组织学习讨论制订班级计划时，班主任启发引导学生把学校的要求、班主任的意图，变成学生自己的意见提出来。在制订工作计划的过程中，学生参与的程度，主动性发挥的多少，很大程度上关系到计划实施的程度。这一点班主任务必注意，并且要想方设法发挥学生的作用。

第二，计划草案写成后，师生共同讨论、修订。

制订班级工作计划的第二步是班主任根据"第一步"的精神，写成计划条文。班主任写出初稿之后要充分发动学生讨论，请学生提出修改意见。讨论的要点是班级工作计划方向是否正确，是否符合学校工作计划要求，班级工作重点是否突出，班级工作内容是否都列入计划，实施措施是否可行，实施保证是否可靠，以及其他要增删的内容，等等。讨论计划初稿的过程是使学生深入了解计划的过程，也是调动学生关注计划的过程，还是个集思广益的过程。做好这项工作，班主任要进一步发动学生，调动学生的主动性，发挥他们的聪明才智，万万不可走过场。

第三，计划定稿后，督导和激励学生实施计划。

取舍各方面意见之后，班主任对班级工作计划最后定稿，到此班级工作计划的制订正式完成。这样的计划体现了大多数人的意见和智慧，一旦形成就成为大家必须贯彻的要求，不能轻易改变，班主任更不能随意改变它。在执行过程中，确有不够妥善的地方，确实因为客观条件的改变需要对计划进行调整的，班主任要让同学认识到修改的必要并予认可。

计划确定以后，师生要共同执行，在同学中要形成重视计划、执行计划的观念。使班级工作计划成为大家的自觉要求，自觉执行、互相监督，共同保证计划的实施。在这个过程中，班主任除了让学生形成主动执行计划的意识，还要不断地对学生进行督促、鼓励和激励。计划制订完成，不等于大家都会自觉执行，从计划到计划的实施和落实有一个距离，缩短这个距离主要是激发学生的上进心、积极进取的意识和竞争的意识。整个实施计划的过程，都要伴随着对学生主动性、责任感的激发，同时又都要对学生进行自觉执行计划的教育。执行计划的过程也是一个教育学生的过程，不论在制订和实施计划的哪一个步骤，都不能忽视教育的工作。

(二) 班级工作总结的含义

1. 班级工作总结的意义

班级工作总结的形式很多，有综合性的班级工作总结、班级单项工作总结和个人的思想学习小结等。班级工作总结涉及的内容也较多，只要是班级工作计划内列入的项目，都可以进行总结。班级工作总结，除了学期、学年终结时要进行，还可以在期中、在某项活动完成之后进行。

不论什么形式的总结，都是班级的某项工作的回顾和评价，是某项活动终结的一个环节。班级工作总结首先是对班级工作的再认识过程，即对某一活动从起点到归宿的评价过程。这种评价反映在工作上是对工作得失的权衡和认识，反映在学生身上是对学生成长情况的认定，反映在班主任的教育管理活动上是工作的反馈和总结经验教训。班级工作总结的第二个意义是为班级"下一步"工作作导向。任何在实施中的班级管理工作都是一种尝试性的实践。通过总结，能使之得到理论上的"确认"。这是个"去粗取精""去伪存真"的过程，因此每次班级工作总结，不仅是班级工作的"提高"，也是今后工作的导向。班级工作总结的第三个意义是对学生的激发和鼓励，每项工作总结，都应该对学生在班级活动中的积极表现和他们的成长予以肯定。这种肯定对其自身是鼓励和鞭策，对其他学生是激励和促进，对全班学生也有积极的引导作用。班级工作总结的第四个意义对提高班主任素质有重要作用。

2. 班级工作总结的要求

班级工作总结是班级工作的一个环节，也是对学生的教育活动。班级工作总结的质量如何，对班级工作有很大的影响，善于总结工作的班主任能不断提高管理水平。做好班级工作总结要遵循一定的要求，这些要求如下。

第一，要以班级工作计划目标为总结的基准，以目标实现的状况来评价工作的得失。

这包括对班级工作方向的认定，对班级工作所产生的效果的评价，对学生成长变化的分析，以及对班级工作整体上带来的影响的认识。并从以上方面肯定工作成绩，总结工作经验，分析问题的存在原因，找出努力的方向，调整以后的工作。

以班级工作计划目标为工作总结的基准，能使工作总结有标准，也能使工作总结有一定的高度，还能够强化师生的目标意识，所以把握这一要求，是工作总结的基础。班级工作总结中容易出现的问题是就事论事的总结，或是离开班级工作的宏观状况去总结。这样做往往会偏离班级管理的总目标，也会与班级管理计划相脱节，最终会对班级集体的整体工作产生影响。从这个意义上讲，班级工作总结是与班级工作计划相对应的，或是说班级工作总结是班级工作计划的终点的反映。

第二，要公正、客观、实事求是。

班级工作总结是做好班级工作的需要，是管理教育学生的一种手段。因此，公正、客观、实事求是是做好工作总结的另一个要求。所谓公正是指工作总结要出以公心、不偏不倚，不文饰不溢美，也不把班主任个人主观意志带到总结中来。尤其是在总结中涉及的对学生评价的内容，更要做到公正这一点。总结中失去公正，不仅使总结成为徒有形式的过场，而且还会伤害学生或使某些学生对集体的公正失去信心，这就会留下教育的隐患。所谓客观是指工作总结中不从主观好恶、不以主观认定为出发点，对要总结的材料采取分析、辩证的态度，树立全面的观点，用发展变化的眼光来看待。

第三，要突出工作总结的教育性。

班级工作总结是班主任工作的重要组成部分，具有很强的教育作用，因此班级工作总结要突出教育性，通过工作总结使学生受到教育。班级工作总结是对班级总体工作或某项工作的检验，学生的成绩和差距自然表现在其中，这本身就有教育的意义。班级工作总结又是对班级工作的评价过程，孰优孰劣也自然表现在其中，这本身又是个激励和教育的方式。班级工作总结有很强的导向性。通过总结，学生能认识到应该如何去做，向哪个方向努力，以及知道怎样去努力，知道向谁看齐，这正是班主任的教育要求所在。因此，班主任在进行班级工作总结时，要始终抓住以上几点，突出教育性，把着眼点放在教育学生身上。有的班主任不重视班级工作总结，或是班主任在总结中唱独角戏，主观地"总结"几点，表扬几名学生，这样就取得不了很好的教育效果，对班主任工作来说，这是很可惜的。

第四，班级工作总结要充分发动学生参加。

要使总结成为在发动群众的基础上，学生对班级工作得失的认识和评价。总结工作不仅是个"终结"的问题，更重要的是回顾和前瞻。所谓回顾，是从检验计划要求开始，把执行计划的过程展现为班主任与学生的共同的活动画面，从中认识和评价成败得失。所谓前瞻，是把对计划的执行，对计划的检验与评价，与学生的培养方向、培养目标，以及品德、智力、体质等方面发展联系起来，即总结是面对以后的。回顾和前瞻的出发点和落脚点都在学生身上，因此班级工作总结必须发动学生参加，使他们的主动性得到发挥，使他们在总结工作中能有切实的体会，使他们在工作总结中有所收益。

第五，班级总结工作要两点论，要培养树立典型。

任何工作的"结果"都不可能是绝对的，都有积极的一面，也有不足的一面，所以班级工作总结，要反对一点论，坚持两点论。做某项工作总结时，往往在取得的成绩面前，忽视了不足的地方，或是只看到不足，又忽视了积极的因素。这种状况在班级具体工作总结时容易出现，这样既不利于从工作总结中吸取经验教训，也不利于以后工作的开展。班级工作总结中做到两点论，能增强学生前进的信心，使他们受到鼓舞，同时在这样的基础上，又使他们容易认识缺点和不足。

班级工作总结，主导方面是对学生成长的肯定，以及对集体进步的肯定。因此，班主任要在班级工作总结中，力求树立学生的典型。这种典型可以是较全面的，也可以是某一方面较突出的，或是某项活动中较突出的。用这些典型的事例，一方面说明班级工作有成果，增加了班级工作总结的力度；另一方面也给学生树立学习的榜样，扩大了工作总结的教育功能。

3. 班级工作总结的具体方法

班级工作总结由于其样式不一、方式不一，所以总结的具体做法也有区别，一般的做法有以下几个方面。

第一，进行对计划的回顾，明确工作总结的指导思想。

班级工作总结要明确总结的目的和标准，做到大家认识一致、心中有底。做到这点最基本的要求就是对班级工作计划进行回顾，重温计划的目标和要求，并以此作为总结的依据。对工作计划的回顾又要明确工作总结的指导思想，并用这种指导思想评价工作计划执行过程的得失。这样能站得更高，避免就事论事。在班级进行工作总结时，班主任要组织学生进行有关的学习，围绕总结的要求，提高学生的认识，再进行具体的工作总结。学生围绕总结工作所进行的学习，其内容必须是能够提高对"总结内容"的认识，必须是对学生开拓思路、用以借鉴有所启发的。这种学习材料的选择，对能否做好总结，使总结有一定的高度，并形成正确的指导思想有重要的意义，班主任必须认真加以选择。

第二，"由下而上"，做到学生与班主任相结合。

在明确指导思想的基础上，第二步要由学生开始进行总结活动。具体做法是由学生根据班级工作计划，谈个人的成长感受和体会、其他同学贯彻计划的表现、班主任和班级工作、典型事例、最突出的活动和收获、经验和不足、今后的努力方向。这个"谈"的过程就是学生参与总结的过程，就是通过总结的教育过程，当然也是班主任集思广益的过程。这个过程是工作总结的关键一环，有经验的班主任都善于在这一环节上充分动员学生。

第三，宣传典型，确定努力方向。

在群众性的总结活动当中，必定会涉及某些具体的人和具体的事例。对这些在群众性工作总结中提出的人和事，班主任都要给予肯定和鼓励。鼓励这些取得成绩的学生，往往会使这些学生发挥更大的积极性，也往往会成为推动班级工作的新起点。即使在工作总结中提到的人和事，事迹不那么突出，班主任也要表示关注和肯定；一些在工作总结中被人提出表扬的学生,哪怕他们的事迹微不足道,班主任也要热情鼓励。任何冷漠的态度,都会挫伤这些学生的积极性,而且会使他们产生对班主任的不信任感或不协调的情绪。

对在班级工作总结中,大家都认为表现很突出的学生,班主任要在学生提供的事例的基础上,总结他们的事迹,树立典型。在工作总结中树立典型一定要有群众基础,班主任要相信学生,尊重学生的选择。这时候班主任容易出现的问题是强调个人的选择,强调自己要树立的典型,甚至不顾及学生的意见。这样做必定会产生负效果,会脱离多数学生,也会伤害班主任要树立为典型的学生。有时候班主任选择的典型确实很值得表扬和学习,但却为一些学生所不容,在这种情况下,班主任要冷静分析原因,不能把典型强加给学生,同时又要做好教育工作。对有些与班主任关系很好,但却与同学关系不和谐的学生,不宜于树为典型,并且还要加强对他们的教育工作。对在班级工作总结中为大多数学生所赞扬,但却与班主任看法不相一致的学生,班主任也要分析原因,假如是个人看法片面,一定要遵从大家的意见。

宣传学习典型学生也要留有余地,不能把话说绝,不能溢美和拔高。宣传学习典型学生是班级工作总结的一个环节和组成部分,但要坚持实事求是,恰到好处。宣传学习典型要与班级工作计划结合起来,宣传这些学生是如何执行计划的,是如何一步步做出成绩的。这样就能把全班学生"带回"执行班级计划的过程中,又会使学生感受到在同样过程中自己有哪些成绩和不足,如何向典型学生学习。这样的教育是有的放矢的,教育效果是深刻的。宣传学习典型是在工作总结中进行的,为了扩大教育效果,可以在学生中进行某些强化,如开讲演会、座谈会、组织学生写"典型"事迹等,切忌不要搞成运动。须知对典型学生的宣传过于"强化",其实就是"淡化"的结局。

班级工作总结因为形式多样,内容多样,包括的时间范围也不一样,因此不必拘泥于某种模式,但以上几点做法,是不应该忽略的。

(三)学生操行评定简述

1.设立学生操行评定目的

根据操行的结构,班主任应注意学生操行的目的动机和活动表现两个方面，即确认目的动机与活动表现都是符合道德要求的。学生的操行评定，是指班主任对学生在一定时期内的思想状态、品德状况、学习纪律、劳动态度、社会活动、文体活动等方面的表现给予的评定。操行评定一般在学期末或学年终了来进行，一般要形成文字表述，并通告学生本人及学生家长。

第一，操行评定是学生全面正确了解自己的一种重要形式。

一般来讲，学生很注意他人对自己的评价，他们希望他人对自己了解和给予恰当的评价。他们自身也常常对自己的各方面表现作出评价，也能从同学、家长、教师处听到有关的评价。这些评价对学生来说是重要的，往往是他们采取什么样的为人处世的态度的一种作用条件，也往往是他们如何对待自己的作用因素。但在生活中学生所得到的评价，又往往是不全面的，有时也许是并不恰当的。学生的操行评定，应该是班主任对学生作出的科学正确的全面的评价方式，应该是学生真实情况及表现特点的反映。评定是学生的品德表现的写真，是学生了解自己的重要形式。

第二，学生的操行评定为家长和其他方面提供了了解和教育学生的依据。

学生的操行评定必为家长所关注，因为它集中地、全面地、准确地反映了学生品德表现的状况。这就给家长了解孩子、教育孩子提供了依据。学生的操行评定，给家长提供的是学生在学校生活的种种表现，而这种"表现"，一般情况下，家长是无法全面了解的，所以对学生的操行评定，家长不论从"教育"的角度，还是从"了解"的角度，都是十分重视的。

学生的操行评定是对学生品德表现优劣的概括性评价，从纵的方面看，学生从进校到出校，这种评定就是一种捕述学生成长过程的记录。这对社会其他方面，尤其是学生将要进入的高一级的学校，或是学生将要参加社会工作的单位，提供了了解学生的重要材料。学生的成长是一个过程，当他在一个环境中生活时，他的品德表现情况为大家所熟知，一旦进入新环境，对这名学生如何看待或使用就必须了解他"先前的"表现。这样做能使教育学生有一定的连续性，对把握他们能够更有针对性。这种概括性的评价，从横的方面看，大家在同样背景下生活学习，孰优孰劣是从比较中得来的。通过评价，学生也能够从"横"的方面认识自己，有益于激发他们的进取意识和竞争精神。家长和"社会"也能在这种"比较"中更深刻地认识学生，并据此作为教育和了解他们的依据。

第三，学生的操行评定有激励和导向作用。

学生从班主任的操行评定上，不仅了解了自己，了解了同学和老师对自己的评价，而且也能够通过评定受到激励和明确自己的优点和成绩，这对学生是一种很好的鼓励。由于优点和成绩得到老师和同学的肯定，他们觉得得到了老师和同学的理解，于是在内心深处感受一种兴奋和鼓舞，并由此使内在的动力受到激发。有许多学生从班主任的操行评定中得到激励，并由此受到家长和其他有关人的褒扬和肯定，从此迈出新的一步，加快了成长的步伐。班主任的操行评定也会恰如其分地指出学生的缺点和不足，这会使学生相当地注意，也会引起家长和有关人的注意，这就有利于学生克服缺点。

操行评定的激励和导向作用是由操行评定的质量决定的。班主任要按照操行评定的要求，根据学生的实际，把操行评定切实做好，评定内容的准确、表达的分寸得当、情感的蕴含丰富、激励的程度有力、指出的方向正确等，都能够对学生产生很强的教育作用，否则操行评定也会徒有形式，甚至产生负效应。

2. 操行评定的基本要求

做好操行评定与班主任的整体修养，与班主任了解学生的程度，与班主任对学生的伦理责任心都有密切关系。做好操行评定除要求班主任不断提高自身的修养之外，还要求必须做到以下几点。

第一，有明确的操行评定的标准和依据。

操行评定的工作很难量化，因此确立评定的标准和依据就十分重要。班主任要在"标准"和"依据"的尺度上衡量与评定学生，这样既能做到客观，也容易使学生接受。在操行评定中，班主任要尽量少些主观的东西，而做到这一点就必须有统一的标准和依据。操行评定的标准和依据主要是中小学生守则和中小学生日常行为规范。对这些"守则"和"规范"，班主任可以在不背离其主旨的情况下，予以适当地具体化和一定地扩展（主要是结合班级工作的日常要求），但班主任不能离开这些另立一套。凡是属于操行评定标准和依据的要求，都要组织学生学习，并使学生熟悉和认同。

第二，操行评定必须实事求是，把握学生的主流。

操行评定必须实事求是。所谓实事求是指用全面的眼光看待学生，用符合学生实际情况的尺度评价学生，用发展的辩证的认识来期望学生。或者说，实事求是就是防止片面性，防止主观性，防止静止地看待学生。在操行评定中，展现在班主任面前的学生是立体的、多面的、优缺点俱在的。而班主任看待和评价学生时，由于对学生了解的程度不同，由于主观上已经形成的某种"看法"，由于与学生情感关系的协调的程度，还由于其他种种原因，往往会不够客观，往往会把学生的某些"问题"看得太"重"，或把某些"问题"看得太"轻"，这样就容易使操行评定"失准"，或是产生"误评"。为了防止这种情况出现，班主任要深入了解学生的情况，对学生的表现要深入到动机与效果、一贯与偶然、心理问题还是其他问题中去分析评价。了解，是操行评定能实事求是的前提，热爱学生、对学生负责是实事求是的基础。

绝大多数学生的主导方面是好的，他们的主流应该是健康和积极的。有些问题学生，他们暂时处在更多的矛盾当中，但他们的主流也是好的。班主任要看到他们难教育的一面，也要看到或去发掘他们潜在的动力和闪光点。在操行评定中，这是一个比较难处理的问题，其原因应该从更深的层次去寻找，即能否从本质上去看他们，从潜在的发展点去看他们。在操行评定中始终要把握学生的主流，把握学生的大方向。班主任在操行评定中不能做到实事求是，或是把学生偶然发生的问题当成一贯表现作出评定，会给学生带来较大的刺激和不满，甚至会影响他们的上进心和正常的情绪，对此班主任切勿掉以轻心，评定时应慎而又慎。

第三，坚持民主评定。

操行评定是对学生的全面考查和评定，因此班主任要注意听取学生的意见，注意听取被评定者的意见。操行评定是一种教育手段，欲要达到教育的目的，就必须准确地反映被评定学生的情况。而做到这一点，只靠班主任自身对学生的了解是不够的，有时，甚至是很不够的。学生毕竟有他们自己的生活天地，有他们个人的思想和个人的活动，他们的表现是在多种状态下反映出来的。班主任在对学生操行评定时，要从多方面捕画学生的表现，要听取其他同学的意见。学生对学生的了解和评价不一定完全准确，但这毕竟是他们的一种"看法"，正确与否班主任是必须听取而又要认真对待的。在操行评定中要充分发扬民主，在大家都对评定标准统一认识的基础上，再由学生根据标准自评，由同学之间互评，并要征求各科教师的意见。做好这一步的关键是对评定标准的把握，否则就会出现认识不一、看法混乱的局面。

第四，操行评定要言之有物。

操行评定空洞无物，大致不外三点原因：一是班主任对学生没有明确的教育要求；二是班主任对学生没有深入的了解；三是班主任对操行评定的责任心差。避免这种情况发生，班主任要加强责任感，做到始终对学生有明确的教育要求，同时也要深入了解学生。在班主任心目中，学生的形象应该是具体的、丰满的、有特点的。在这种情况下操行评定就会言之有物，突出学生的主流和成绩，指出学生的真正的不足，给学生以明确的努力方向。有些班主任在进行操行评定时，觉得无"话"可说，学生在他们的脑海中是平面的，甚至是模糊的，这样势必会使操行评定空洞无物，或者千篇一律。

3. 操行评定的步骤

学生操行评定在学期末和学年结束时进行，这是班级管理的一项重要内容，也是班主任的一项重要工作。对这项工作班主任要拿出精力、拿出时间安排，放在工作日程上。其具体步骤和做法大致有以下几点。

第一，组织学生学习评定标准。

组织学生学习评定标准、回顾班级工作计划，是使操行评定健康顺利进行的基础。这项安排既是对学生做好操行评定的动员，也是使学生对操行评定心中有数的重要一步。通过这一步引起学生重视，引导学生对班级工作的回顾，引发他们对自己表现的思考。学习评定标准和回顾班级工作计划，学生对自身表现的思考和评价就有了基本的依据。在此基础上，要求学生写出自我表现的总结，并在总结后写好对自己的操行评定，就会大致符合评定的要求。

第二，进行民主评定。

民主评定主要是以学生小组为单位进行。这项工作之前，班主任要重申评定标准，指出可能出现的问题及应抱的态度，并要创造一种较为自然和谐的气氛。小组评定不要用"背靠背"的方式，更不能授意学生评定的内容，那样就曲解了民主评定的意义。民主评定的过程中，还要向学生强调，要充分肯定被评定人的成绩，并且用事实予以印证。这样做既能使学生的优点、长处得到发掘，增强同学之间团结，又能使学生在发掘他人的优点长处时受到教育。在民主评定时是可能出现一些矛盾的，班主任要加以疏导，引导学生既畅所欲言，又把握分寸。

任课老师对全班学生的了解程度一般不如班主任，但任课老师从教学接触中，也能够对学生的表现提出有意义、有价值的看法。任课老师对学生的"评定"，班主任必须非常重视，并主动去征求。有的班主任认为操行评定是班主任的事，认为与任课老师无关，这种看法是不恰当的。广泛征求任课老师的意见，不仅对了解学生、教育学生、评定学生有意义，而且也调动了任课老师关心学生、主动教育学生的积极性。有条件的班主任还应该与任课老师一起商量如何给学生做操行评定，这会更有益于提高操行评定的质量。

第三，汇集意见书写评语。

班主任在上两步基础上，要把各种评定意见汇集后写成操行评定。书写操行评定是学生操行评定的最后的"结论"，班主任必须注意以下几点。

第一，依据"标准"、内容全面、重点突出。

按"标准"要求，能教育学生按"标准"规范自己的行为。这既是操行评定的依据，又是学生今后发展的导向。所以"操行"评语要以符合中、小学生守则和行为规范的语言来表达。书写操行评语必须涉及学生表现的全面的内容，不能偏重于某一点或某几点，置其他于不顾。内容全面又不是每项内容的详细罗列，在兼顾的同时又要突出学生品德表现的重点方面，比如突出的进步和成绩、突出的缺点和不足。书写操行评语又要详略得当，因为不能把学生的各方面表现都详写，但又不能对某些方面不写，不写的东西往往学生会认为是不重要的、是无所谓的，这又会成为一种不良的导向。

第二，充分肯定、热情鼓励、指引方向。

在写操行评语中，词句上要以鼓励为主，热情恳切，使学生阅读评语后感受到一种关切和激励。对各方面比较好的学生，在肯定他们的表现的同时，要提出更高的希望和要求；对某些方面表现较差的学生，要努力发现他们的优点，要使他们增强信心。向学生提出努力方向，不能用一些笼统话，比如"做这样的人""为奋斗"之类，这等于没写，所以应该避免。操行评语以肯定成绩为主，又不能回避学生的缺点和不足，但表述要中肯、语句要委婉、感情要真挚，能够做到"语重心长"。

第三，语句凝练、切中题意。

操行评定不同于书面总结，它要求简洁、概括，富有表现力，即在有限的字数内表达很大的容量和深意，所以每一个评语都是一篇各具内容特色的短文。它要求重点突出、内容全面、轻重有别、感情充沛、语句凝练、概括力强、切中题意。

书写操行评定在语气上要亲切和缓，以示有谆谆教诲之意；在措辞上要把握分寸，不能把话说"绝"，把评定说"死"。尤其要注意把握好学生的特点和心理承受能力，要注意操行评定不是"宣判"，而是对不同特点的学生进行教育，所以要强调针对性和可接受性。

第四，总结"评定"、提出要求。

操行评语基本确定以后，班主任要把初稿发放给学生，征求对评语的意见。这一环有的班主任忽略了，其实是很重要的，这既是尊重学生、信任学生的表现，也是教育学生的一个契机和手段。有些学生对评语可能提出异议，班主任首先要持欢迎的态度，不能认为学生不虚心，或认为学生"争"好的评语。同时班主任要根据学生的异议，要么改正评语，要么讲出不同意修改的道理。这就是一个很好的教育契机，无论同意学生的意见与否，都可以找到适宜的教育内容。对学生的异议决不能简单武断，更不能训斥不满，而要心平气和，以商量的态度取得教育的效果。

操行评语确定后，要抄至学籍档案和家长通知单上。这一步许多班主任都指派学生去做，其实这是班主任的工作，班主任应该自己动手抄写评语。这样既可以保持操行评语的严肃性（尤其是家长通知单上的评语），也可以体现班主任的敬业精神，对学生也是个教育。班主任还要把写有操行评语的"家长通知单"亲自交给学生或送给学生家长。对有些特殊内容的操行评语，班主任要进行家访，向家长做好有关工作。

发送操行评语前，班主任要做一次讲话，对学生看到评语后可能出现的问题，做预先的教育工作。班主任也要对全班同学提出如何对待操行评语的要求，鼓励学生按操行评语指出的"方向"，继续努力。

4. 如何评选优秀学生

学校和班级评选优秀学生（有的叫"三好学生"）是期末，特别是学年结束的固定工作，这种工作与对学生的操行评定有一定的关系。评选优秀学生和某一方面的积极分子，在班级工作中有重要意义。选出优秀学生对全班同学有教育意义，可为全班同学树立榜样。评选优秀学生和积极分子又有激励作用，可以激发学生比学赶帮，形成一种积极向上的气氛。评选优秀学生和积极分子有益于学生进行自我教育，促进学生的内在动力的发挥。

优秀学生是指品德、学习、身体、审美能力、劳动态度、心理状态等方面都表现突出的学生，其特点是突出和"全面"。积极分子是指在某项活动中有突出表现，其他方面表现尚可的学生。这里讲的"全面"和"突出"是在一般同学中或是本班集体中相对而言的。通常情况下，优秀学生都是积极向上，能够自觉地严格要求自己，在各种活动中作出成绩，并为老师和同学"认可"的学生。优秀学生必须具有各方面的突出表现，不能用某方面的"优秀"代替整体上的"优秀"。总之，评选优秀学生必须把握三条：①各方面都优秀，并达到一定的标准；②必须有较为稳定的表现；③必须为绝大多数师生所认可。

评选优秀学生还要在学生的整个活动领域来考查。在学校、社会、家庭各种环境背景下，其表现状况是否一致，这是评选优秀学生必须考虑的条件。在评选优秀学生和积极分子的整个过程中，班主任始终要发挥主导作用，即掌握好评选标准，注意评选过程中的教育导向，充分发动学生参加评选，主动征求任课教师的意见，注意纠正评选活动中出现的偏差。

评选优秀学生要注意的几个问题：①评选优秀学生班主任不直指名或暗示学生评选意向；②评选优秀学生，不宜规定名额比例。要严格掌握标准，也要做到宁缺毋滥。严格掌握标准，并不是要追求"完美"，苛求学生。宁缺毋滥，就是不要盲目追求"比例"、追求名额，甚至弄虚作假。

操行评定的等级问题是一个应该认真探讨的问题。有的学校要求按优秀、良好、及格和不及格评定学生的操行等级；有的学校又按分数级别评等级；有的只写评语不评等级。

总之，没有统一的做法和严格的划分等级的标准，其"依据"主要是凭班主任对学生表现的主观印象。由此就引出评定操行等级的准确程度问题。在没有对学生制订操行评定的统一量化标准的情况下，用等级去反映学生的面貌是不大科学的。再说品德的结构与构成因素是相当复杂的，看待学生表现的好坏，对其动机与效果的认识更是难以用某种等级来衡量。所以，操行评定最好是用比较全面准确概括的捕述来反映学生的品德表现，其目的是使学生能够从大的方面了解自己，认识到自己的成绩和不足；其目的也是使家长和社会其他人能够比较准确地把握学生的表现，能够从大的方面认识和了解学生。因此，学生的操行评定不一定要划分等级，也不必硬要给学生的操行表现判定分数，这也许更容易为学生所接受。

五、班级档案

班级档案是记载班级活动和学生情况的文件，是班级管理的重要组成部分和必有的材料。建立班级档案是班主任工作中要重视的事情，并且要力求做到完善和实用。班级档案记载学生的基本情况和发展状况，班主任不仅要注意记载，还要注意使用——经常分析学生的情况，从中发现教育活动中所必需的资料。学生档案是学生的成长"史料"以及了解学生最基本的文字依据。

班级档案由班主任填写，它的具体项目内容，有的学校有具体规定，有的学校是由班主任设计，大致项目有以下几个方面。

（1）班级简况、学生名册（包括年龄、性别、民族、家庭简况等）。

（2）学生各种成绩（包括各种比赛成绩）记载。

（3）学生的课程安排及变动情况（必修和选修）。

（4）学生出勤登记。

（5）班级各项工作负责学生的简表。

（6）学生情况记载：学习状况；体育达标情况；学生身体和生理情况；学生家庭情况、家庭变动情况、所受家庭影响的主要方面等；学生有无经常性的社会交往；学生的特长、爱好；奖惩情况等。

（7）班级学习考试成绩（期中、期末考试，统考，会考）质量分析。平均分数、高低分数、及格人数、及格率、不及格人数、不及格率，与上次考试对比，得失的原因等。

（8）班级集体组织的大活动的记录，活动内容、参加人数、活动状况、得失分析、学生反应等。

（9）学生品德表现记载。突出品德表现、不良品德表现、外部对本班学生品德表现的反应，重大的品德事件、偶发事件等。

（10）班会记载。

（11）教室日志。

（12）班主任家访记录、与家长联系及家长来访记录、家长会议情况记载。

（13）学生参加社会实践活动记载、班级与外界交往记载。

班级档案中一项重要部分是学生的个人档案，学生档案可单独使用和保存，其最简括的形式是"学籍卡片"，交由学校主管学生的部门保存。班主任使用的学生档案应该列入更多的内容，是为了班主任教育学生作为参考的材料。学生档案一般记载下列内容。

（1）学籍记载。入学年月，出生年月，性别，入本班前的学习成绩、健康状况、品德表现、受奖惩情况、家庭情况。

（2）学生生理。心理的主要状况、生理发育障碍、心理障碍、性格、兴趣、特长等。

（3）学生智力状况，一般智力发展水平，学习能力及学习问题等。

（4）非智力因素状况。

（5）考试成绩。

（6）考勤记载。

（7）品德表现记载、受奖惩记载。

（8）在家庭中的表现。

（9）生活作风、劳动态度、人际关系、社会活动能力。

（10）身体素质，健康状况，参加体育锻炼及体育项目达标状况。

（11）家庭记载（变动及特殊情况）。

（12）偶发事件记载。

（13）在班级活动中的表现。

（14）学生特殊情况、特殊表现记载。

（15）其他。

学生档案可用陈述式、列表式的形式，要每人一份，全班合订成册。班主任要经常翻阅学生档案，要经常填进新内容，要注意分析学生的情况，把学生档案用好、用活。

建立学生档案主要是为了更好地教育学生，并用做班主任对学生的情况的掌握，以帮助班主任分析学生的成长进步，定夺教育手段。学生档案绝不是给学生"记账"的。当然，学生档案是为班主任所使用和保管的，不能在学生中传看，更不宜由学生来填写。